Grimms Lieder

Jochen Unbehaun

Grimms Lieder

mit Comics
von Peggy Caramel

LUGERT

Es war einmal...

... ein Musikant namens Jochen Unbehaun, der suchte sich zehn Märchen der Gebrüder Grimm aus und kleidete diese in witzige, moderne Reime, die den Charakter der Märchen dennoch trefflich einfingen. „Warum nicht zu den Reimen Melodien schreiben?", dachte Jochen Unbehaun weiter. So unterlegte er seine Verse mit eingängigen Melodien und versah diese mit leicht nachvollziehbaren Akkorden.

Heraus kamen „Grimms Lieder", die einfach Spaß machen und sich für Groß und Klein gleichermaßen eignen. Sie werden Liederabende, Aufführungen, Unterrichtsstunden im Fächerverbund bereichern, aber auch lange Autofahrten verkürzen. Die Märchen, die sich selbstverständlich auch zum Vorlesen in diesem Heft finden, erhalten so einen ganz neuen Zugang. Anhand der Comicstrips, wunderschön gestaltet von der französischen Grafikerin Peggy Caramel, können die Liedinhalte verfolgt werden.

Auf der letzten Heftseite findet sich eine CD mit den Originalen der „Grimms Lieder" und mit den Playbacks, arrangiert, produziert und eingesungen von dem Hamburger Schauspieler, Sänger und Comedian Axel Pätz.

LUGERT

Inhaltsverzeichnis

1

Die Bremer Stadtmusikanten

Jochen Unbehaun

Track 1 und 11

Die Bremer Stadtmusikanten

1. Es war einmal ein Müller,
ein ganz gemeiner Brüller,
der brüllte alle Menschen an,
was keiner gut vertragen kann,
sein' Esel haut er grün und krumm,
da wird dem Esel das zu dumm.
Er gibt ihm einen Tritt,
und schon sind beide quitt.

2. In einem Dorf ein Jägersmann
nimmt seinen Jagdhund böse ran.
Der Hund saust rum im Dauerlauf,
der Jäger frisst den Hasen auf,
der Jagdhund findet das gemein
und lässt den Jägersmann allein.
Mit fröhlichem Gebell
läuft er zum Esel schnell.

3. Kaum kennen sich die beiden,
schon können sie sich leiden.
Sie treffen eine Miezekatz,
die hatt' zu Haus dieselbe Hatz,
mit Pfoten lahm und hochbetagt,
hat man die Katz vom Hof gejagt.
I-ah, wauwau, miau,
du passt zu uns genau!

4. Und kaum nach hundert Metern
hört man es kräh'n und zetern,
da sitzt in einem Birnenbaum
ein alter Hahn, man glaubt es kaum:
Fast war er schon im Suppentopf,
nun haut er ab, der arme Tropf.
Komm mit, du altes Vieh
mit deinem Kikriki!

5. So sind sie nun zusammen,
die aus dem Elend stammen.
Sie ziehen in den Wald hinaus,
da stürmen sie ein Räuberhaus
und richten sich gemütlich ein
und woll'n für immer Freunde sein.
I-ah, kikri, miau,
i-ah, kikri, wauwau!

6. Jetzt wohnen sie in Bremen
und lassen sich's nicht nehmen,
mit Temp'rament und viel Geschick
zu spielen in der Stadtmusik.
Als Musikanten wohlbekannt,
zieh'n sie nun durch das ganze Land.
I-ah, kikri, miau,
i-ah, kikri, wauwau!

Die Bremer Stadtmusikanten

Es hatte ein Mann einen Esel, der ihm schon lange Jahre treu gedient hatte, dessen Kräfte aber nun zu Ende gingen, sodass er zur Arbeit immer untauglicher wurde. Da wollte ihn der Herr nicht mehr durchfüttern. Als der Esel merkte, dass kein guter Wind wehte, lief er fort und machte sich auf den Weg nach Bremen: ‚Dort', dachte er, ‚kannst du ja Stadtmusikant werden.'

Als er ein Weilchen gegangen war, fand er einen Jagdhund auf dem Wege liegen, der japste wie einer, der sich müde gelaufen hat. „Nun, was japst du so, Packan?", fragte der Esel. „Ach", sagte der Hund, „weil ich alt bin, jeden Tag schwächer werde und auch für die Jagd nicht mehr zu gebrauchen bin, wollte mich mein Herr totschlagen. Da hab ich Reißaus genommen. Aber womit soll ich nun mein Brot verdienen?" – „Weißt du was?", sprach der Esel, „ich gehe nach Bremen, um dort Stadtmusikant zu werden. Geh mit! Ich spiele die Laute, und du schlägst die Pauken." Der Hund war's zufrieden, und sie gingen weiter.

Es dauerte nicht lange, da saß eine Katze an dem Weg und machte ein Gesicht wie drei Tage Regenwetter. „Nun, was ist dir in die Quere gekommen, alter Bartputzer?", sprach der Esel. „Wer kann da lustig sein, wenn's einem an den Kragen geht", antwortete die Katze. „Weil ich nun in die Jahre komme, meine Zähne stumpf werden und ich lieber hinter dem Ofen sitze und spinne, als nach den Mäusen herumzujagen, hat mich meine Herrin ersäufen wollen. Ich habe mich zwar noch fortgemacht, aber nun ist guter Rat teuer: Wo soll ich hin?" – „Geh mit uns nach Bremen! Du verstehst dich doch auf die Nachtmusik. Da kannst du ein Stadtmusikant werden." Die Katze hielt das für eine gute Idee und ging mit.

Darauf kamen die drei an einem Hof vorbei, auf dessen Tor ein Hahn saß und aus Leibeskräften schrie. „Du schreist, dass es einem durch Mark und Bein geht“, sprach der Esel, „was hast du vor?“ – „Da hab ich der Herrin gut Wetter für den Waschtag prophezeit“, sprach der Hahn, „aber weil am Sonntag Gäste kommen, hat sie doch kein Erbarmen: Sie hat der Köchin gesagt, sie wolle mich in der Suppe essen und mir deshalb heute Abend den Kopf abschneiden lassen. Nun schrei ich aus vollem Hals, so lange ich noch kann.“ – „Ei was, du Rotkopf“, sagte der Esel, „zieh lieber mit uns fort. Wir gehen nach Bremen! Etwas Besseres als den Tod findest du überall. Du hast eine gute Stimme, und wenn wir zusammen musizieren, muss es schön sein!“ Der Hahn ließ sich den Vorschlag gefallen, und sie gingen alle viere zusammen fort.
Sie konnten aber die Stadt Bremen in einem Tag nicht erreichen und kamen abends in einen Wald, wo sie übernachten wollten. Der Esel und der Hund legten sich unter einen großen Baum, die Katze kletterte hinauf, der Hahn aber flog bis in die Spitze, wo es am sichersten für ihn war. Ehe er einschlief, sah er sich noch einmal nach allen vier Winden um und dachte, er sähe ein Fünkchen brennen. Er rief seinen Gesellen zu, es müsste gar nicht weit ein Haus sein, denn es scheine ein Licht. „So müssen wir uns aufmachen und noch hingehen, denn hier ist die Herberge schlecht“, sprach der Esel. Und der Hund sagte: „Ja, ein paar Knochen und etwas Fleisch daran täten mir auch gut.“ Also machten sie sich auf den Weg nach der Gegend, wo das Licht war, und sahen es bald heller schimmern, bis sie vor ein hell erleuchtetes Räuberhaus kamen.

Der Esel, als der Größte, blickte durchs Fenster. „Was siehst du, Grauschimmel?", fragte der Hahn. „Was ich sehe?", antwortete der Esel. „Einen gedeckten Tisch mit schönem Essen und Trinken, und Räuber sitzen daran und lassen es sich wohl sein." – „Das wäre was für uns", sprach der Hahn. Da beratschlagten die Tiere, wie sie es anfangen müssten, um die Räuber zu verjagen. Der Esel musste sich mit den Vorderfüßen auf das Fenster stellen, der Hund auf des Esels Rücken, die Katze auf den Hund klettern, und endlich flog der Hahn hinauf und setzte sich der Katze auf den Kopf. Als das geschehen war, fingen sie auf ein Zeichen an, ihre Musik zu machen: Der Esel schrie, der Hund bellte, die Katze miaute, und der Hahn krähte. Dann stürzten sie durch das Fenster in die Stube hinein, dass die Scheiben klirrten. Die Räuber fuhren bei dem entsetzlichen Geschrei in die Höhe, dachten, ein Gespenst käme herein, und flohen in größter Furcht in den Wald hinaus. Die vier Gesellen setzten sich an den Tisch, nahmen mit dem vorlieb, was übrig geblieben war, und aßen, als wenn sie vier Wochen hungern sollten.
Als die vier Musikanten fertig waren, löschten sie das Licht und suchten sich eine Schlafstätte, jeder nach seiner Natur und Bequemlichkeit: Der Esel legte sich auf den Mist, der Hund hinter die Türe, die Katze auf den warmen Herd, und der Hahn setzte sich auf einen Balken. Und weil sie müde waren von ihrem langen Weg, schliefen sie auch bald ein.
Als Mitternacht vorbei war und die Räuber von Weitem sahen, dass kein Licht mehr im Haus brannte, auch alles ruhig schien, sprach der Hauptmann: „Wir hätten uns doch nicht ins Bockshorn jagen lassen sollen", und hieß einen hingehen und das Haus untersuchen. Der Abgeschickte fand alles still, ging in die Küche, um ein Licht anzuzünden, und weil er die glühenden, feurigen Augen der

Katze für lebendige Kohlen hielt, wollte er ein Schwefelhölzchen daran entzünden. Aber die Katze verstand keinen Spaß, sprang ihm ins Gesicht, spie und kratzte. Da erschrak er gewaltig und wollte zur Hintertür hinaus, aber der Hund, der da lag, sprang auf und biss ihn ins Bein. Und als er über den Hof an dem Misthaufen vorbei rannte, gab ihm der Esel noch einen tüchtigen Tritt mit dem Hinterfuß. Der Hahn aber, der vom Lärm aus dem Schlaf geweckt und munter geworden war, rief vom Balken herab: „Kikeriki!"

Da lief der Räuber, was er konnte, zu seinem Hauptmann zurück und sprach: „Ach, in dem Haus sitzt eine grässliche Hexe, die hat mich angehaucht und mir mit ihren langen Fingern das Gesicht zerkratzt. Und vor der Tür steht ein Mann mit einem Messer, der hat mich ins Bein gestochen. Und auf dem Hof liegt ein schwarzes Ungetüm, das hat mich mit einer Holzkeule geschlagen. Und oben auf dem Dache, da sitzt der Richter, der rief: ‚Bringt mir den Schelm her!' Da machte ich, dass ich fortkam."

Von nun an trauten sich die Räuber nicht mehr in die Nähe des Hauses. Den vier Bremer Musikanten gefiel es aber so gut darin, dass sie nicht wieder heraus wollten.

2

Der Fischer und seine Frau

Jochen Unbehaun

Track 2 und 12

Der Fischer und seine Frau

1. Es stand ein Fischer einst am Meer,
da kam ein großer Fisch daher.
Der Fischer warf geschwind die Angel aus
und holte sich den dicken, fetten Fisch heraus.
Der sagt: „Wirf mich nur wieder rein,
dann will ich dir von Nutzen sein."
Der Fischer wirft ihn gleich ins Meer zurück,
da sagt der Fisch: „Nun wünsch dir was und
mach dein Glück!"

Refrain
Manntje, Manntje, Timpe Te,
Buttje, Buttje in de See,
mine Fru, de Ilsebill,
will nich so, as ik woll will,
mine Fru, de Ilsebill, will nich, as ik woll will.

2. Der Fischer spricht mit seiner Frau,
die sagt: „Das planen wir genau.
Zuerst will ich aus dieser Bude raus.
Du, geh und sag dem Fisch, ich will ein
schönes Haus." –
„Was will sie", fragt der Fisch, „von mir?" –
„Sie will ein schönes Haus von dir!"
Da sagt der Fisch in ganz normalem Ton:
„Nun geh nur schnell nach Haus.
Das Haus, das hat sie schon."

Refrain

3. Da sitzt die Frau auf güld'ner Bank,
hat alles neu und blitzeblank,
'ne Kutsche, Haus und Hof, ein Himmelbett,
und sagt: „Na, siehst du wohl, so ist es aber nett!
Doch wenn ich es so recht bedenk,
es ist doch auch ein bisschen eng.
Ein Königsschloss ja noch viel schöner wär!
Du, geh noch mal zum Fisch!
Der zaubert es uns her."

Refrain

4. Der Fisch fragt, was sie jetzt noch will.
„Ein Schloss wünscht sich die Ilsebill."
Da sagt der Fisch in leicht gereiztem Ton:
„Dann geh! Die Ilsebill hat ihren Willen schon."
Es öffnen sich die Tore weit
vor Ilsebill im Seidenkleid.
Von purem Gold erglänzt der Königssaal,
von Silber und Kristall und Marmor überall.

Refrain

5. Da kommt der Frau jetzt in den Sinn:
„Ach, wäre ich doch Königin.
Wer weiß, wie schön erst dann mein Leben wär?
Du, geh noch mal zum Fisch! Der zaubert es uns her."
Da sagt der Fisch mit bösem Blick:
„Das ist nun doch ein starkes Stück!
Ist immer noch nicht ihre Gier gestillt?
Na gut, auch dieser Wunsch sei Ilsebill erfüllt."

Refrain

6. Es endet, wie es enden muss.
Der Fisch sagt: „Nun ist aber Schluss!
Ein Haus und ein Palast, ein Königsschloss
und Ilsebill, die alles will, gar hoch zu Ross
als Kaiserin im Größenwahn,
als Papst in Rom im Vatikan?
Als Gott sogar auf seinem Himmelsthron?
Nun geh zu eurer Hütte, denn da sitzt sie schon!"

Refrain

Der Fischer und seine Frau

Es waren einmal ein Fischer und seine Frau, die wohnten zusammen in einer kleinen Fischerhütte dicht an der See, und der Fischer ging alle Tage hin und angelte und angelte und angelte. Als er einmal so saß, da ging die Angel tief auf den Grund hinunter, und als er sie heraufholte, hatte er einen großen Butt am Haken. Da sagte der Butt zu ihm: „Hör mal, Fischer, ich bitte dich, lass mich leben, ich bin gar kein richtiger Butt, ich bin ein verzauberter Prinz. Was hilft es dir, wenn du mich totmachst? Ich würde dir doch nicht recht schmecken. Setz mich wieder ins Wasser und lass mich schwimmen!" – „Nun", sagte der Mann, „du brauchst nicht so viele Worte zu machen. Einen Butt, der sprechen kann, werde ich doch wohl schwimmen lassen." Damit setzte er ihn wieder in das klare Wasser. Der Butt schwamm auf den Grund und ließ einen langen Streifen Blut hinter sich. Da stand der Fischer auf und ging zu seiner Frau in die kleine Hütte.

„Mann", sprach die Frau, „hast du heute nichts gefangen?" – „Nein", antwortete der Mann, „ich fing einen Butt, der sagte, er wäre ein verwunschener Prinz. Da hab ich ihn wieder schwimmen lassen." – „Hast du dir denn nichts gewünscht?", fragte die Frau. „Nein", erwiderte der Mann, „was sollte ich mir denn wünschen?" – „Ach", sagte die Frau, „das ist doch bös, immer hier in dem Hüttchen zu wohnen. Es stinkt und ist so eklig. Du hättest uns doch ein kleines Häuschen wünschen können. Geh noch mal hin und ruf ihn! Sag ihm, wir wollten ein kleines Häuschen haben. Er tut das gewiss." Der Mann wollte noch nicht recht, wollte seiner Frau aber auch nicht zuwiderhandeln und ging hin an die See.

Als er dorthin kam, war die See ganz grün und gelb und gar nicht mehr klar. So stellte er sich hin und sagte:

„Manntje, Manntje, Timpe Te,
Buttje, Buttje in de See,
mine Fru, de Ilsebill,
will nich so, as ik woll will."

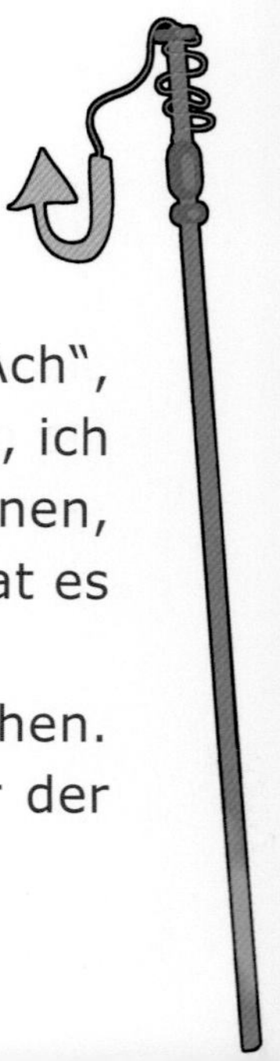

Da kam der Butt angeschwommen und fragte: „Na, was will sie denn?" – „Ach", sagte der Mann, „ich hab dich doch gefangen gehabt; nun sagt meine Frau, ich hätte mir doch was wünschen sollen. Sie mag nicht mehr in ihrer Hütte wohnen, sie will gern ein kleines Häuschen." – „Geh nur hin", sagte der Butt, „sie hat es schon."

Da ging der Mann hin, und seine Frau saß nicht mehr in dem Fischerhüttchen. An seiner Stelle stand jetzt ein kleines Häuschen, und seine Frau saß vor der

Türe auf einer Bank. Da nahm ihn seine Frau bei der Hand und sagte zu ihm: „Komm nur herein, sieh, nun ist das doch viel besser!" Da gingen sie hinein, und in dem Häuschen waren ein kleiner Vorplatz, eine kleine, allerliebste Stube, eine Kammer mit zwei Betten, Küche und Speisekammer, alles aufs Beste mit Gerätschaften versehen und aufs Schönste aufgestellt. Und dahinter war ein kleiner Hof mit Hühnern und Enten und ein kleiner Garten mit Grünzeug und Obst. „Sieh", sprach die Frau, „ist das nicht nett?" – „Ja", sagte der Mann, „so soll es bleiben. Nun wollen wir recht vergnügt leben." So aßen sie etwas und gingen zu Bett.

Es vergingen wohl acht oder vierzehn Tage, da sagte die Frau: „Hör, Mann, das Häuschen ist auch zu eng, und der Hof und der Garten sind so klein. Der Butt hätte uns auch ein größeres Haus schenken können. Ich möchte wohl in einem großen, steinernen Schloss wohnen. Geh hin zum Butt, er soll uns ein Schloss schenken!" – „Ach, wir in einem Schlosse wohnen? Nein, Frau", sagte der Mann, „der Butt hat uns schon das Häuschen gegeben. Ich mag nun nicht gleich wiederkommen, den Butt könnte das verdrießen." – „Geh doch", sagte die Frau, „er kann das recht gut und tut es auch gern; geh du nur hin!" Dem Mann war sein Herz so schwer, und er wollte nicht. Zu sich sprach er: „Das ist nicht recht", aber dann ging er doch.

Als er an die See kam, war das Wasser ganz violett und dunkelblau und grau und dick und gar nicht mehr so grün und gelb; doch war es noch still. Da stellte er sich hin und sagte:

„Manntje, Manntje, Timpe Te,
Buttje, Buttje in de See,
mine Fru, de Ilsebill,
will nich so, as ik woll will."

„Na, was will sie denn?", fragte der Butt. „Ach", murmelte der Mann halb bedrückt, „sie will in einem großen, steinernen Schloss wohnen." – „Geh nur hin, sie steht vor der Tür", sagte der Butt.

Da ging der Mann hin und sah einen großen, steinernen Palast, und seine Frau stand oben auf der Treppe. Sie nahm ihn bei der Hand und sagte: „Komm mal herein!" Im Schloss war eine große Diele, und viele Bediente rissen die großen Türen auf. Und die Wände waren alle glatt und mit schönen Tapeten und in den Zimmern lauter goldene Stühle und Tische, und kristallene Kronenleuchter hingen von der Decke, und alle Stuben und Kammern waren mit Teppichen belegt.

Und das Essen und der allerbeste Wein standen auf den Tischen. Und hinter dem Schloss war ein großer Hof mit einem Pferde- und Kuhstall und Kutschwagen – alles vom Besten. Es gab auch einen großen, herrlichen Garten mit den schönsten Blumen und Obstbäumen und einen Park, wohl eine halbe Meile lang, mit Hirschen und Rehen und Hasen darin und allem, was man sich nur wünschen mochte. „Na", sagte die Frau, „ist das nun nicht schön?" – „Ach ja", sagte der Mann, „so soll es bleiben. Nun wollen wir in dem schönen Schloss wohnen und zufrieden sein." – „Das wollen wir uns bedenken", sprach die Frau, „und wollen es beschlafen." Darauf gingen sie zu Bett.

Am anderen Morgen wachte die Frau zuerst auf, es war eben Tag geworden, und sah von ihrem Bett aus das herrliche Land vor sich liegen. Der Mann dehnte und reckte sich noch, da stieß sie ihn mit dem Ellenbogen in die Seite und sagte: „Mann, steh auf und guck mal aus dem Fenster! Sieh, könnten wir nicht König werden über das ganze Land? Geh hin zum Butt, wir wollen König sein!" - „Ach, Frau", sagte der Mann, „warum wollen wir König sein? Ich mag nicht König sein." – „Nun", sagte die Frau, „willst du nicht König sein, so will ich König sein. Geh hin zum Butt und sag es ihm!" – „Ach, Frau, das mag ich ihm nicht sagen." – „Warum nicht?" fragte die Frau, „geh augenblicklich hin, ich muss König sein!" Der Mann war ganz bedrückt. Er wollte nicht hingehen und dachte: ‚Das ist und ist nicht recht!', aber dann ging er doch.

Und als er an die See kam, da war sie ganz schwarzgrau. Das Wasser quoll von unten herauf und stank auch ganz faul. Da stellte er sich hin und sagte:

„Manntje, Manntje, Timpe Te,
Buttje, Buttje in de See,
mine Fru, de Ilsebill,
will nich so, as ik woll will."

„Na, was will sie denn?" fragte der Butt. „Ach", antwortete der Mann, „sie will König werden." – „Geh nur hin, sie ist es schon", sagte der Butt. Da ging der Mann hin, und das Schloss war viel größer geworden, mit einem großen Turm und herrlichem Zierrat daran. Vor dem Tor standen Wachposten und viele Soldaten und Pauken und Trompeten. Und als er in den Palast kam, da war alles von purem Marmor und Gold und samtene Decken mit großen, goldenen Quasten. Da gingen die Türen von dem Saal auf, wo der ganze Hofstaat war, und seine Frau saß auf einem hohen Thron von Gold und Diamanten und hatte eine große, goldene Krone auf und den Zepter in der Hand von purem Gold und Edel-

stein. Und auf beiden Seiten von ihr standen sechs Jungfern in einer Reihe, immer eine einen Kopf kleiner als die andere. Da stellte er sich nun hin und sagte: „Ach, Frau, bist du nun König?" – „Ja", sagte die Frau, „nun bin ich König." Als er sie nun eine Weile so angesehen hatte, sprach er: „Ach, Frau, was steht dir das gut, dass du König bist. Nun wollen wir uns auch nichts mehr wünschen." – „Nein, Mann", erwiderte sie ganz unruhig, „mir wird schon die Zeit lang. Ich kann das nicht mehr aushalten. Geh hin zum Butt. König bin ich, nun muss ich auch Kaiser werden!" – „Ach, Frau", sagte der Mann, „warum willst du Kaiser werden? Ich mag dem Butt das nicht sagen. Kaiser kann er nicht machen, das kann und kann er nicht!" Da sprach die Frau: „Kann er Könige machen, so kann er auch Kaiser machen. Ich will und will Kaiser sein! Geh hin!" Da musste er hingehen. Ihm war ganz bang, und er dachte bei sich: ‚Das geht und geht nicht gut. Kaiser ist zu ausverschämt, der Butt wird am Ende müde.'

Als er an die See kam, war sie ganz schwarz und dick und fing an, so von unten heraufzuschäumen, dass sie Blasen warf, und es ging ein Wirbelwind darüber, dass sie sich nur so drehte. Der Mann, den ein Grauen ergriff, stand da und sagte:

„Manntje, Manntje, Timpe Te,
Buttje, Buttje in de See,
mine Fru, de Ilsebill,
will nich so, as ik woll will."

„Na, was will sie denn?", fragte der Butt. „Ach, Butt", sagte er, „meine Frau will Kaiser werden." – „Geh nur hin", sagte der Butt, „sie ist es schon." Da ging der Mann hin, und als er ankam, da war das ganze Schloss aus poliertem Marmor mit Figuren aus Alabaster und goldenen Zierraten. Vor der Tür marschierten die Soldaten, und sie bliesen Trompeten und schlugen Pauken und Trommeln. Aber in dem Hause, da gingen die Barone und Grafen und Herzöge grad so, als ob sie Diener wären, herum; sie machten ihm die Türen auf, die von lauter Gold waren. Und als er hereinkam, da saß seine Frau auf einem Thron, der war aus einem Stück Gold und war wohl zwei Meilen hoch; und sie hatte eine große, goldene Krone auf, die war drei Ellen hoch und mit Brillanten und Karfunkelsteinen besetzt. In der einen Hand hatte sie den Zepter und in der anderen den Reichsapfel, und auf beiden Seiten neben ihr, da standen die Trabanten so in zwei Reihen, immer einer kleiner als der andere, von dem allergrößten Riesen, der war zwei Meilen hoch, bis zu dem allerwinzigsten Zwerg, der war so groß wie mein kleiner Finger. Und vor ihr standen viele Fürsten und Herzöge. Da ging nun der Mann hin und stand zwischen ihnen und sagte: „Frau, bist du nun Kaiser?" – „Ja", sagte sie, „ich bin Kaiser." Da stellte er sich hin, und als er sie eine Zeitlang angesehen hatte, da sagte er: „Ach, Frau, wie steht dir das gut, dass du Kaiser bist!" – „Mann", sprach sie, „was stehst du herum? Ich bin Kaiser, und nun will ich Papst werden, geh hin zum Butt!" – „Ach, Frau", sagte der Fischer, „du kannst nicht Papst werden. Den gibt's nur einmal in der Christenheit. Das kann er nicht machen." – „Mann, schwatz kein dummes Zeug! Kann er Kaiser machen, so kann er auch Päpste machen. Willst du wohl hingehen?" Da wurde ihm ganz bang zumute und ganz flau, er zitterte und bebte, und die Knie und Waden schlotterten ihm. Ein Wind strich übers Land, die Wolken flogen, es wurde düster, die Blätter wehten von den Bäumen, und das Wasser ging hoch und brauste so, als ob es kochte, und platschte an das Ufer. Und in der Ferne sah er Schiffe, die Notschüsse abgaben und auf den Wogen tanzten und sprangen. Doch der Himmel war in der Mitte noch ein bisschen blau, aber an den Seiten, da zog es rot auf wie bei einem schweren Gewitter. Da ging er ganz verzagt hin, stand da in seiner Angst und sagte:

„Manntje, Manntje, Timpe Te,
Buttje, Buttje in de See,
mine Fru, de Ilsebill,
will nich so, as ik woll will."

„Na, was will sie denn?", fragte der Butt. „Ach", sagte der Mann, „sie will Papst werden." – „Geh nur hin, sie ist es schon", sagte der Butt.

Da ging er hin, und als er ankam, sah er eine große Kirche, von lauter Palästen umgeben. Er drängte sich durchs Volk und ging hinein. Innen war alles mit tausend und abertausend Lichtern erleuchtet, und seine Frau war ganz in Gold gekleidet und saß auf einem noch viel höheren Thron. Sie hatte drei große, goldene Kronen auf, um sie herum, da war so viel geistlicher Staat, und zu beiden Seiten von ihr, da standen zwei Reihen Lichter, das größte so dick und groß wie der allergrößte Turm, bis zu dem allerkleinsten Küchenlicht. Und all die Kaiser und Könige, die lagen vor ihr auf den Knien und küssten ihr den Pantoffel. „Frau", sagte der Mann, „bist du nun Papst?" – „Ja", antwortete sie, „ich bin Papst." Da ging er hin und sah sie an, und ihm war, als ob er in die helle Sonne sähe. Als er sie so eine Zeitlang angesehen hatte, sagte er: „Ach, Frau, wie gut steht dir das, dass du Papst bist!" Sie aber saß ganz steif wie ein Baum und rührte und

regte sich nicht. Da sagte er: „Frau, nun sei zufrieden, dass du Papst bist! Nun kannst du doch nichts mehr werden." – „Das will ich mir bedenken", sagte die Frau. Damit gingen sie beide zu Bett, aber sie war nicht zufrieden, und die Gier ließ sie nicht schlafen. Sie dachte immer, was sie noch werden könnte.
Indessen wollte die Sonne aufgehen, und als sie das Morgenrot sah, setzte sie sich aufrecht im Bett hin und dachte: ‚Ha, kann ich nicht auch die Sonne und den Mond aufgehen lassen?' Sie stieß ihren Mann mit dem Ellenbogen in die Rippen. „Wach auf, geh hin zum Butt, ich will werden wie der liebe Gott!" Der Mann war noch ganz schlaftrunken, aber er erschrak so, dass er aus dem Bett fiel. „Was sagst du, Frau?" – „Mann, ich halte es nicht aus, wenn ich nicht die Sonne und den Mond aufgehen lassen kann. Ich habe dann keine ruhige Stunde mehr!" Dabei sah sie ihn so böse an, dass ihn ein Schauder überlief. „Geh jetzt hin! Ich will werden wie der liebe Gott!" – „Ach, Frau", sagte der Mann und fiel vor ihr auf die Knie, „das kann der Butt nicht. Kaiser und Papst kann er machen; ich bitte dich, geh in dich und bleibe Papst!" Da wurde sie böse, die Haare flogen ihr wild um den Kopf, und sie schrie: „Ich halte das nicht länger aus! Willst du wohl hingehen?" Da zog er sich die Hosen an und lief wie von Sinnen davon.
Draußen brauste ein Sturm, dass er kaum auf den Füßen stehen konnte. Die Häuser und die Bäume wurden umgeweht, die Berge bebten, Felsbrocken rollten in die See, der Himmel war ganz pechschwarz, es donnerte und blitzte, und die See ging in so hohen schwarzen Wogen wie Kirchtürme und Berge, und oben hatten sie alle eine weiße Schaumkrone. Da schrie er, und er konnte sein eigenes Wort nicht hören:

„Manntje, Manntje, Timpe Te,
Buttje, Buttje in de See,
mine Fru, de Ilsebill,
will nich so, as ik woll will."

„Na, was will sie denn?" fragte der Butt. „Ach", schrie er, „sie will werden wie der liebe Gott." – „Geh nur hin, sie sitzt schon wieder in der Fischerhütte."
Und da sitzen sie bis zum heutigen Tag.

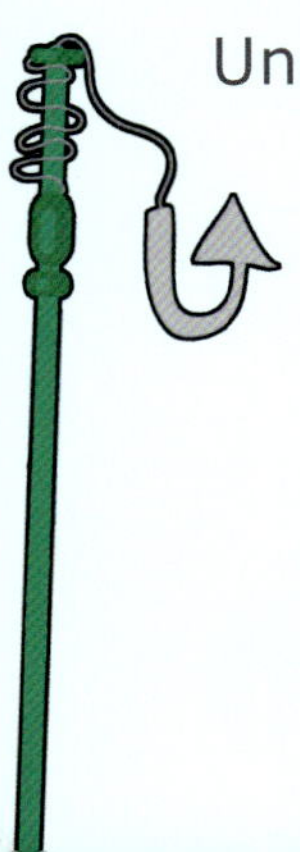

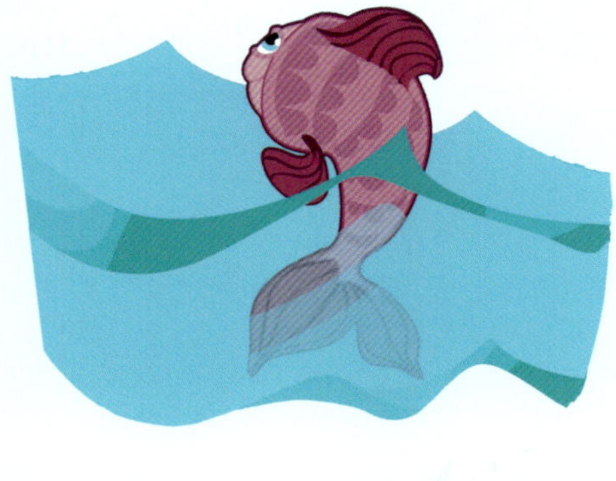

3

Der Wolf und die sieben Geißlein

Jochen Unbehaun

Track 3 und 13

Der Wolf und die sieben Geißlein

1. Es lebten vor lang schon vergangener Zeit
sieben Geißlein mitsamt ihrer Geiß
inmitten des Waldes in Einsamkeit,
belauert vom Wolf voller Dreistigkeit
als seine begehrteste Speis,
begehrte Speis, begehrte Speis.
Oft musste die Geiß in den Wald hinaus,
das Futter wächst nicht vor der Tür.
Dann sagte sie: „Bleibt aber schön im Haus,
sonst holt euch der Wolf noch
zum Festtagsschmaus,
der Wolf ist ein ganz wildes Tier!
Ein wildes Tier! Ein wildes Tier!"

2. Sie ging, und es poltert zur Tür herein:
„Ihr Kinder, ich bin schon zurück!"
Da riefen sie: „Du willst die Mutter sein?
Du sprichst aber rau wie ein Ziegelstein!
Bei uns hast du damit kein Glück!
Damit kein Glück! Damit kein Glück!"
Der Wolf holt sich Kreide, die frisst er gleich,
man kennt ja schon lange den Trick.
Dann eilt er zum Fenster, und engelsgleich
sagt er zu den Geißlein ganz zart und weich:
„Nun ist eure Mutter zurück!
Sie ist zurück, sie ist zurück!"

3. „Mit so einer Pfote, so schwarz, oh Graus,
kannst du unsere Mutter nicht sein!"
Der Wolf holt beim Bäcker sich Mehl heraus,
gleich sieht seine Pfote ganz anders aus,
so lassen die Geißlein ihn rein:
„Komm nur herein! Komm nur herein!
Oh Panik, oh Schreck, und jetzt bloß hier weg!
Ins Bett und zum Küchentisch rauf!
Zum Ofen, zur Schüssel, ins Kücheneck,
zur Wanduhr hinauf ins Geheimversteck!"
Der Wolf spürt sie allesamt auf.
Er spürt sie auf! Er spürt sie auf!

4. Da kommt Mutter Geiß mit dem Futter her
und kriegt einen furchtbaren Schreck:
„Wie liegt denn hier alles so kreuz und quer?
Ihr Kinderlein, sieht man euch gar nicht mehr?
Die Geißlein sind allesamt weg!
Sind alle weg! Sind alle weg!"
Da dringt noch ein Stimmchen ihr fein ins Ohr,
es ist von der winzigsten Geiß:
„Die Zeit im Versteck kam mir endlos vor,
sodass ich schon bald die Geduld verlor.
Und außerdem wurde mir heiß!
So schrecklich heiß! So schrecklich heiß!"

5. Und unten im Garten, da schnarcht doch was!
Da liegt doch der Wolf unterm Baum!
Und in seinem Bauch, da bewegt sich was!
Da purzeln sechs Geißlein ins grüne Gras,
geschadet hat ihnen das kaum,
geschadet kaum, geschadet kaum.
So endet das Märchen doch ganz patent,
wie's eben im Märchen so ist.
Man hört sich was an,
das man lang schon kennt,
und freut sich dann auch
auf den Schlussmoment,
den keiner so gerne vermisst,
so gern vermisst, so gern vermisst.

12
3
6
9
12
3
6
9
Z Z Z z z

Der Wolf und die sieben Geißlein

Es war einmal eine alte Geiß, die hatte sieben junge Geißlein. Sie hatte sie so lieb, wie eben eine Mutter ihre Kinder lieb hat. Eines Tages wollte sie in den Wald gehen und Futter holen. Da rief sie alle sieben herbei und sprach: „Liebe Kinder, ich muss hinaus in den Wald. Seid inzwischen brav, sperrt die Türe gut zu und nehmt euch in Acht vor dem Wolf! Wenn er hereinkommt, frisst er euch mit Haut und Haaren. Der Bösewicht verstellt sich oft, aber an seiner rauen Stimme und an seinen schwarzen Füßen werdet ihr ihn gleich erkennen." Die Geißlein sagten: „Liebe Mutter, wir wollen uns schon in Acht nehmen, du kannst ohne Sorge fortgehen." Da meckerte die Alte und machte sich getrost auf den Weg.

Es dauerte nicht lange, da klopfte jemand an die Haustür und rief: „Macht auf, ihr lieben Kinder, eure Mutter ist da und hat jedem von euch etwas mitgebracht!" Aber die Geißlein hörten an der rauen Stimme, dass es der Wolf war. „Wir machen nicht auf", riefen sie, „du bist nicht unsere Mutter. Die hat eine feine und liebliche Stimme, deine Stimme aber ist rau. Du bist der Wolf!"

Da ging der Wolf fort zum Krämer und kaufte sich ein großes Stück Kreide. Er aß es auf und machte damit seine Stimme fein. Dann kam er zurück, klopfte an die Haustür und rief: „Macht auf, ihr lieben Kinder, eure Mutter ist da und hat jedem von euch etwas mitgebracht!" Aber der Wolf hatte seine schwarze Pfote auf das Fensterbrett gelegt. Das sahen die Kinder und riefen: „Wir machen nicht auf! Unsere Mutter hat keinen schwarzen Fuß wie du. Du bist der Wolf!"

Da lief der Wolf zum Bäcker und sprach: „Ich habe mir den Fuß gestoßen, streich mir Teig darüber!" Als ihm der Bäcker die Pfote bestrichen hatte, lief er zum Müller und sprach: „Streu mir weißes Mehl auf meine Pfote!" Der Müller dachte, der Wolf wolle jemanden betrügen, und weigerte sich. Aber der Wolf sprach: „Wenn du es nicht tust, fresse ich dich!" Da fürchtete sich der Müller und machte ihm die Pfote weiß. So ging der Bösewicht zum dritten Mal zu der Haustür, klopfte an und sprach: „Macht auf, Kinder, euer liebes Mütterchen ist heimgekommen und hat jedem von euch etwas aus dem Wald mitgebracht!" Die Geißlein riefen: „Zeig uns zuerst deine Pfote, damit wir wissen, dass du unser liebes Mütterchen bist." Da legte der Wolf die Pfote auf das Fensterbrett. Als die Geißlein sahen, dass sie weiß war, glaubten sie, es wäre alles wahr, was er sagte, und machten die Türe auf. Wer aber hereinkam, war der Wolf! Die Geißlein erschraken und wollten sich verstecken. Das eine sprang unter den Tisch, das zweite ins Bett, das dritte in den Ofen, das vierte in die Küche, das fünfte in den Schrank, das sechste unter die Waschschüssel, das siebente in den Kasten der Wanduhr. Aber der Wolf fand sie und verschluckte eines nach dem andern. Nur das Jüngste in dem Uhrenkasten, das fand er nicht. Als der

Wolf satt war, trollte er sich fort, legte sich draußen auf der grünen Wiese unter einen Baum und fing an zu schlafen.
Nicht lange danach kam die alte Geiß aus dem Walde wieder heim. Ach, was musste sie da erblicken! Die Haustür stand sperrangelweit offen, Tisch, Stühle und Bänke waren umgeworfen, die Waschschüssel lag in Scherben, Decken und Polster waren aus dem Bett gezogen. Sie suchte ihre Kinder, aber nirgends waren sie zu finden. Sie rief sie nacheinander bei ihren Namen, aber niemand antwortete. Endlich, als sie das Jüngste rief, antwortete eine feine Stimme: „Liebe Mutter, ich stecke im Uhrenkasten!" Da holte die Mutter das junge Geißlein aus seinem Versteck heraus, und es erzählte ihr, dass der Wolf gekommen wäre und die anderen alle gefressen hätte. Ihr könnt euch denken, wie da die alte Geiß über ihre armen Kinder geweint hat!
Endlich ging sie in ihrem Jammer hinaus, und das jüngste Geißlein lief mit. Als sie auf die Wiese kamen, lag der Wolf immer noch unter dem Baum und schnarchte, dass die Äste zitterten. Die alte Geiß betrachtete ihn von allen Seiten und sah, dass in seinem vollen Bauch sich etwas regte und zappelte. ‚Ach Gott', dachte sie, ‚sollten meine armen Kinder, die er zum Nachtmahl hinuntergewürgt hat, noch am Leben sein?'
Da musste das Geißlein nach Hause laufen und Schere, Nadel und Zwirn holen. Dann schnitt die alte Geiß dem Bösewicht den Bauch auf. Kaum hatte sie den ersten Schnitt getan, da streckte auch schon ein Geißlein den Kopf heraus. Und als sie weiter schnitt, sprangen nacheinander alle sechs heraus. Sie waren alle heil und gesund, denn der Wolf hatte sie in seiner Gier ganz hinuntergeschluckt. Sie herzten ihre liebe Mutter und hüpften vor Freude herum. Die Alte aber sagte: „Jetzt geht und sucht große Steine, damit wollen wir dem bösen Tier den Bauch füllen, solange es noch im Schlafe liegt." Da schleppten die sieben Geißlein in aller Eile Steine herbei und steckten ihm so viele in den Bauch, als sie nur hineinbringen konnten. Dann nähte ihn die Alte in aller Geschwindigkeit wieder zu. Der Wolf merkte nichts davon und regte sich nicht einmal.
Als er endlich ausgeschlafen war, machte er sich auf die Beine. Und weil ihm die Steine im Magen großen Durst verursachten, wollte er zu einem Brunnen gehen und trinken. Als er aber anfing zu laufen, stießen die Steine in seinem Bauch aneinander und zappelten. Da rief er: „Was rumpelt und pumpelt in meinem Bauch herum? Ich meinte, es wären sechs Geißlein, doch sind's lauter Wackersteine." Und als er an den Brunnen kam und sich über das Wasser bückte, um zu trinken, da zogen ihn die schweren Steine hinein, und er musste jämmerlich ersaufen.
Als die sieben Geißlein das sahen, kamen sie eilig herbeigelaufen und riefen laut: „Der Wolf ist tot! Der Wolf ist tot!" Sie fassten einander an den Händen und tanzten mit ihrer Mutter vor Freude um den Brunnen herum.

4

Tischlein, deck dich!

Jochen Unbehaun

Track 4 und 14

Tischlein, deck dich!

1. War mal ein Schreiner, jung und frisch,
der kam die Straße lang geschritten,
trug auf dem Buckel einen Tisch,
aus grobem Holz zurechtgeschnitten.
„Du sag, was trägst du da um alles in der Welt?" –
„Es ist ein Zaubertisch, mehr wert als euer Geld!
Geschenkt vom Meister, kommt, ich lad euch alle ein,
nun sollt ihr meine Gäste sein!"

2. Kaum steht der Tisch an seinem Platz,
sagt unser Schreiner: „Tischlein, deck dich!"
Und kaum verklingt der schöne Satz,
beginnt das Tischlein schon und deckt sich.
Vor vollen Schüsseln fängt ein Festgelage an
mit Servietten, Tischtuch, feinem Porzellan,
mit Wein und Brause, Fleisch und Wurst und Räucherspeck
bis hin zum Nachtisch und Gebäck.

3. So geht der erste Tag zur Ruh
und ein Quartier gibt's heut wie immer.
Da fragt der Wirt: „Was willst denn du
mit diesem Tischchen hier im Zimmer?"
Und schon am Abend, als man großen Hunger spürt,
da wird das Tischlein gleich noch einmal vorgeführt,
wobei im Stillen sich der Wirt Gedanken macht
und schleicht hinaus in dunkler Nacht.

4. Er tauscht das Tischlein heimlich aus
mit einem Tisch von gleicher Sorte,
und dann verlässt der Tisch das Haus
auf Schreiners Buckel durch die Pforte.
Zu Hause lädt er seine Nachbarn zu sich ein:
„Heut sollt ihr alle meine lieben Gäste sein!"
Und „Tischlein, deck dich!", ruft der Schreiner voller Stolz –
doch seht, der ist ja nur aus Holz!

5. Nun ist der Bruder an der Reih,
der war beim Müller in der Lehre
und hat gelernt so mancherlei,
drum sagt der Meister: „Dir zur Ehre
bekommst du Bricklebrit, mein braves Eselein,
das wird dir ganz gewiss von großem Nutzen sein.
Denn sagst du: ‚Bricklebrit!', dann regnet es dir hold
von vorn und hinten pures Gold."

6. Kaum ist er weit genug vom Haus,
da soll der Zauberspruch schon glücken,
schon purzelt vorn und hinten raus
das Gold in blitzeblanken Stücken.
Und als beim Wirt man dann den Abendhunger spürt,
da wird der Esel gleich noch einmal ausprobiert,
wobei sich wieder mal der Wirt Gedanken macht
und schleicht hinaus in dunkler Nacht.

7. Er tauscht den Esel heimlich aus
mit einem Tier der gleichen Sorte,
und das verlässt ganz früh das Haus
an Müllers Leine durch die Pforte.
Zu seiner Rückkehr lädt der Müller alle ein:
„Ihr sollt heut Abend meine lieben Gäste sein!"
Dann ruft er: „Bricklebrit, komm her, mein ganzer Stolz!"
Doch der bleibt steif und stur wie'n Holz.

8. Nun ist der Dritte an der Reih,
hat absolviert 'ne Drechslerlehre.
Und weil er gut im Drechseln sei,
sagt ihm der Meister: „Dir zur Ehre
bekommst du diesen schönen Knüppel aus dem Sack,
der wird dir helfen bei so manchem Räuberpack.
Musst sagen: ‚Knüppel, aus dem Sack!', dann wirst du sehn,
wie alle schnell zur Seite gehn."

9. Kaum ist er weit genug vom Haus,
kommen ihm Räuber in die Quere
und brüllen: „Schnell, das Geld heraus!"
Da sagt er: „Dass ich euch was lehre!
Die Antwort gibt euch gleich mein Knüppel aus dem Sack!"
Schon fliegt der Knüppel, und schon rennt das Lumpenpack
mit viel Geheule und Gezeter und Geschrei,
und damit ist der Weg schon frei.

10. So geht auch dieser Tag zur Ruh,
und ein Quartier gibt's heut wie immer.
Da fragt der Wirt: „Was willst denn du
mit diesem Prügel hier im Zimmer?" –
„Von meinen Brüdern richte ich Euch hiermit aus,
gebt unsern Tisch und unsern Esel nur heraus!
Wenn Ihr nicht wollt, ja, dann versprech ich Euch im Nu,
gibt's diesen Knüppel noch dazu!"

Tischlein, deck dich!

Vor Zeiten war ein Schneider, der drei Söhne hatte und nur eine einzige Ziege. Aber die Ziege musste täglich gutes Futter haben und hinaus auf die Weide geführt werden, weil sie alle zusammen mit ihrer Milch ernährte. Der Reihe nach kümmerten sich die Söhne darum. Einmal brachte sie der Älteste auf den Kirchhof, wo die schönsten Kräuter standen, ließ sie da fressen und herumspringen. Abends, als es Zeit war heimzugehen, fragte er: „Ziege, bist du satt?“ Die Ziege antwortete:

„Ich bin so satt,
ich mag kein Blatt. Mäh, mäh!“ –

„So komm nach Haus“, sprach der Junge, fasste sie am Strickchen, führte sie in den Stall und band sie fest. „Nun“, sagte der alte Schneider, „hat die Ziege ihr gehöriges Futter?“ – „Oh“, antwortete der Sohn, „die ist so satt, sie mag kein Blatt.“ Der Vater aber wollte sich selbst überzeugen, ging hinab in den Stall, streichelte das liebe Tier und fragte: „Ziege, bist du auch satt?“ Die Ziege antwortete:

„Wovon sollte satt ich sein?
Ich sprang nur über Gräbelein
und fand kein einzig Blättelein. Mäh, mäh!“ –

„Was muss ich hören?“, rief der Schneider, lief hinauf und sprach zu dem Jungen: „Ei, du Lügner, sagst, die Ziege wäre satt, und hast sie hungern lassen?“ Und in seinem Zorne nahm er die Elle von der Wand und jagte ihn mit Schlägen hinaus.

Am andern Tag war die Reihe am zweiten Sohn, der suchte an der Gartenhecke einen Platz aus, wo lauter gute Kräuter standen, und die Ziege fraß sie alle ab. Abends, als er heim wollte, fragte er: „Ziege, bist du satt?“ Die Ziege antwortete:

„Ich bin so satt,
ich mag kein Blatt. Mäh, mäh!“

„So komm nach Haus“, sprach der Junge, zog sie heim und band sie im Stall fest. „Nun“, sagte der alte Schneider, „hat die Ziege ihr gehöriges Futter?“ – „Oh“, antwortete der Sohn, „die ist so satt, sie mag kein Blatt.“ Der Schneider wollte sich darauf nicht verlassen, ging hinab in den Stall und fragte: „Ziege, bist du auch satt?“ Die Ziege antwortete:

„Wovon sollte satt ich sein?
Ich sprang nur über Gräbelein
und fand kein einzig Blättelein. Mäh, mäh!“ –

„Der gottlose Bösewicht!", schrie der Schneider. „So ein frommes Tier hungern zu lassen!", lief hinauf und schlug mit der Elle den Jungen zur Haustüre hinaus.
Die Reihe kam jetzt an den dritten Sohn, der wollte seine Sache gut machen, suchte Buschwerk mit dem schönsten Laube aus und ließ die Ziege daran fressen. Abends, als er heim wollte, fragte er: „Ziege, bist du auch satt?" Die Ziege antwortete:
„Ich bin so satt,
ich mag kein Blatt. Mäh, mäh!" –
„So komm nach Haus", sagte der Junge, führte sie in den Stall und band sie fest. „Nun", sagte der alte Schneider, „hat die Ziege ihr gehöriges Futter?" – „Oh", antwortete der Sohn, „die ist so satt, sie mag kein Blatt." Der Schneider traute ihm nicht, ging hinab und fragte: „Ziege, bist du auch satt?" Das boshafte Tier antwortete:
„Wovon sollte satt ich sein?
Ich sprang nur über Gräbelein
und fand kein einzig Blättelein. Mäh, mäh!" –
„Oh, die Lügenbrut!", rief der Schneider. „Einer so gottlos und pflichtvergessen wie der andere! Ihr sollt mich nicht länger zum Narren halten!" Und vor Zorn ganz außer sich sprang er hinauf und gerbte dem armen Jungen mit der Elle den Rücken so gewaltig, dass er zum Haus hinaus sprang.
Der alte Schneider war nun mit seiner Ziege allein. Am andern Morgen ging er hinab in den Stall, liebkoste sie und sprach: „Komm, mein liebes Tierlein, ich will dich selbst zur Weide führen." Er nahm sie am Strick und brachte sie zu grünen Hecken. „Hier kannst du dich einmal nach Herzenslust sättigen", sprach er zu ihr und ließ sie weiden bis zum Abend. Da fragte er: „Ziege, bist du satt?" Sie antwortete:
„Ich bin so satt,
ich mag kein Blatt. Mäh, mäh!" –
„So komm nach Haus", sagte der Schneider, führte sie in den Stall und band sie fest. Als er wegging, kehrte er noch einmal um und sagte: „Nun bist du doch einmal satt!" Aber ihm ging es mit der Ziege nicht besser. Sie rief:
„Wovon sollte ich satt sein?
Ich sprang nur über Gräbelein
und fand kein einzig Blättelein. Mäh, mäh!"
Als der Schneider das hörte, stutzte er und sah wohl, dass er seine drei Söhne

ohne Ursache verstoßen hatte. „Wart", rief er, „du undankbares Geschöpf, dich fortzujagen ist noch zu wenig, ich will dich zeichnen, dass du dich unter ehrbaren Schneidern nicht mehr darfst sehen lassen." In aller Hast sprang er hinauf, holte sein Bartmesser, seifte der Ziege den Kopf ein und schor sie so glatt wie seine flache Hand. Und weil die Elle zu ehrenvoll gewesen wäre, holte er die Peitsche und versetzte ihr solche Hiebe, dass sie in gewaltigen Sprüngen davonlief.

Der Schneider, als er so ganz einsam in seinem Hause saß, verfiel in große Traurigkeit und hätte seine Söhne gerne wiedergehabt, aber niemand wusste, wo sie hingeraten waren. Der Älteste war zu einem Schreiner in die Lehre gegangen, da lernte er fleißig und unverdrossen. Als seine Zeit herum war und er auf Wanderschaft gehen sollte, schenkte ihm der Meister ein Tischchen, das aus ganz gewöhnlichem Holz war. Aber es hatte eine gute Eigenschaft: Wenn man es hinstellte und sprach: „Tischlein, deck dich", so war das gute Tischchen auf einmal mit einem sauberen Tüchlein bedeckt, ein Teller mit Messer und Gabel darauf und Schüsseln mit Gesottenem und Gebratenem, so viele Platz hatten, und ein großes Glas mit rotem Wein leuchtete, dass einem das Herz lachte. Der junge Geselle dachte: ‚Damit hast du genug für dein Lebtag', zog guter Dinge in der Welt umher und kümmerte sich gar nicht darum, ob ein Wirtshaus gut oder schlecht war. Manchmal kehrte er gar nicht ein, sondern nahm im Felde, im Wald, auf einer Wiese, wo er Lust hatte, sein Tischchen vom Rücken, stellte es vor sich und sprach: „Tischlein, deck dich!" So war alles da, was sein Herz begehrte. Endlich kam ihm in den Sinn, zu seinem Vater zurückzukehren. Sein Zorn würde sich gelegt haben, und mit dem Tischchen würde er ihn gerne wieder aufnehmen. So kam er abends in ein Wirtshaus, das mit Gästen gefüllt war. Sie hießen ihn willkommen und luden ihn ein, sich zu ihnen zu setzen und mit ihnen zu essen, sonst würde er schwerlich noch etwas bekommen. „Nein", antwortete der Schreiner, „die paar Bissen will ich euch nicht wegnehmen. Lieber sollt ihr meine Gäste sein." Sie lachten und meinten, er triebe seinen Spaß mit ihnen. Er aber stellte sein hölzernes Tischchen mitten in die Stube und sprach: „Tischlein, deck dich!" Augenblicklich war es mit Speisen besetzt, so gut, wie sie der Wirt nicht hätte herbeischaffen können, und wovon der Geruch den Gästen lieblich in die Nase stieg. „Zugegriffen, liebe Freunde", sprach der Schreiner, und die Gäste, als sie sahen, wie es gemeint war, ließen sich nicht zweimal bitten, rückten heran, zogen ihre Messer und griffen tapfer zu. Und

was sie am meisten verwunderte, wenn eine Schüssel leer geworden war, so stellte sich gleich von selbst eine volle an ihren Platz. Der Wirt stand in einer Ecke und sah zu. Er wusste gar nicht, was er sagen sollte, dachte aber: ‚Einen solchen Koch könntest du in deiner Wirtschaft wohl brauchen.' Der Schreiner und seine Gesellschaft waren lustig bis in die späte Nacht. Endlich legten sie sich schlafen, und der junge Geselle ging auch zu Bett und stellte sein Tischchen an die Wand. Dem Wirte aber ließen seine Gedanken keine Ruhe. Es fiel ihm ein, dass in seiner Rumpelkammer ein altes Tischchen stände, das gerade so aussähe. Das holte er ganz sachte herbei und vertauschte es mit dem Wünschtischchen. Am andern Morgen zahlte der Schreiner sein Schlafgeld, nahm sein Tischchen, dachte gar nicht daran, dass er ein falsches hätte, und ging seiner Wege. Zu Mittag kam er bei seinem Vater an, der ihn mit großer Freude empfing. „Nun, mein lieber Sohn, was hast du gelernt?", fragte er ihn. „Vater, ich bin ein Schreiner geworden." – „Ein gutes Handwerk", erwiderte der Alte, „aber was hast du von deiner Wanderschaft mitgebracht?" – „Vater, das Beste, was ich mitgebracht habe, ist das Tischchen." Der Schneider betrachtete es von allen Seiten und sagte: „Daran hast du kein Meisterstück gemacht. Das ist ein altes und schlechtes Tischchen." – „Aber es ist ein ‚Tischlein, deck dich!'", antwortete der Sohn. „Wenn ich es hinstelle und ihm sage, es solle sich decken, so stehen gleich die schönsten Gerichte darauf und ein Wein dabei, der das Herz erfreut. Ladet nur alle Verwandten und Freunde ein! Die sollen sich laben und erquicken, denn das Tischchen macht sie alle satt." Als die Gesellschaft beisammen war, stellte er sein Tischchen mitten in die Stube und sprach: „Tischlein, deck dich!" Aber das Tischchen regte sich nicht und blieb so leer wie jeder andere Tisch, der die Sprache nicht versteht. Da merkte der arme Geselle, dass das Tischchen vertauscht worden war, und schämte sich, dass er wie ein Lügner dastand. Die Verwandten aber lachten ihn aus und mussten hungrig und durstig wieder heim wandern. Der Vater holte seine Lappen wieder herbei und schneiderte, während sein Sohn bei einem Meister Arbeit fand.

Der zweite Sohn war zu einem Müller gekommen und bei ihm in die Lehre gegangen. Als er seine Jahre herum hatte, sprach der Meister: „Weil du dich so wohl gehalten hast, schenke ich dir einen Esel von einer besondern Art. Er zieht keinen Wagen und trägt auch keine Säcke." – „Wozu ist er denn nütze?", fragte der junge Geselle. „Er speit Gold", antwortete der Müller. „Wenn du ihn auf ein Tuch stellst und sprichst ‚Bricklebrit', so speit dir das gute Tier Goldstücke aus, hinten und vorn." – „Das ist eine schöne Sache", sprach der Geselle, dankte dem Meister und zog in die Welt. Wenn er Gold nötig hatte, brauchte er nur zu seinem Esel ‚Bricklebrit' zu sagen, so regnete es Goldstücke, und er hatte weiter keine Mühe, als sie von der Erde aufzuheben. Wo er hinkam, war ihm das Beste gut genug und je teurer je lieber, denn er hatte immer einen vollen Beutel. Als er sich eine Zeitlang in der Welt umgesehen hatte, dachte er: ‚Du musst deinen Vater aufsuchen. Wenn du mit dem Goldesel kommst, so wird er seinen Zorn vergessen und dich gut aufnehmen.' Es trug sich zu, dass er in dasselbe Wirtshaus geriet, in welchem seinem Bruder das Tischchen vertauscht worden war. Er führte seinen Esel an der Hand, und der Wirt wollte ihm das Tier abnehmen und anbinden, der junge Geselle aber sprach: „Gebt Euch keine Mühe, meinen Grauschimmel führe ich selbst in den Stall und binde ihn auch selbst an, denn ich muss wissen, wo er steht." Dem Wirt kam es wunderlich vor, und er meinte, einer, der seinen Esel selbst versorgen wollte, hätte nicht viel zu verzehren. Als aber der Fremde in die Tasche griff, zwei Goldstücke herausholte und sagte, er sollte nur etwas Gutes für ihn einkaufen, machte er große Augen, lief und suchte das Beste, das er auftreiben konnte. Nach der Mahlzeit fragte der Gast, was er schuldig wäre. Der Wirt sagte, ein paar Goldstücke müsste er noch dazulegen. Der Geselle griff in die Tasche, aber sein Gold war eben zu Ende. „Wartet einen Augenblick, Herr Wirt", sprach er, „ich will nur gehen und Gold holen", nahm aber das Tischtuch mit. Der Wirt wusste nicht, was das heißen sollte, war neugierig, schlich ihm nach, und da der Gast die Stalltüre zuriegelte, guckte er durch ein Astloch. Der Fremde breitete unter dem Esel das Tuch aus, rief ‚Bricklebrit', und augenblicklich fing das Tier an, Gold zu speien von hinten und vorn, dass es nur so prasselte. „Ei der Daus!", sagte der Wirt, „da sind die Dukaten bald geprägt! So ein Geldbeutel ist nicht übel!" Der Gast bezahlte seine Zeche und legte sich schlafen. Der Wirt aber schlich in der Nacht herab in den Stall, führte den Münzmeister weg und band einen anderen Esel an seine Stelle. Am folgenden Morgen zog der Geselle in der Frühe ab und meinte, er hätte seinen Goldesel dabei. Mittags kam er bei seinem Vater an, der sich freute, als er ihn wiedersah, und ihn gerne aufnahm. „Was ist aus dir geworden, mein Sohn?", fragte der Alte. „Ein Müller, lieber Vater", antwortete er. „Was hast du von deiner

Wanderschaft mitgebracht?" – „Weiter nichts als einen Esel." – „Esel gibt's hier genug", sagte der Vater, „da wäre mir doch eine gute Ziege lieber gewesen." – „Es ist aber kein gewöhnlicher Esel, sondern ein Goldesel. Wenn ich ‚Bricklebrit' sage, so speit Euch das gute Tier ein ganzes Tuch voll Goldstücke. Lasst nur alle Verwandten herbeirufen, ich mache sie alle zu reichen Leuten." – „Das lass ich mir gefallen", sagte der Schneider, „dann brauch ich mich mit der Nadel nicht weiter zu quälen", sprang selbst fort und rief die Verwandten herbei. Sobald sie beisammen waren, hieß sie der Müller Platz machen, breitete sein Tuch aus und brachte den Esel in die Stube. „Jetzt gebt Acht", sagte er und rief: „Bricklebrit!" Aber es waren keine Goldstücke, die herabfielen, und es zeigte sich, dass das Tier nichts von der Kunst verstand, denn nicht jeder Esel bringt es so weit. Da machte der arme Müller ein langes Gesicht, sah, dass er betrogen war, und bat die Verwandten um Verzeihung, die so arm heimgingen, wie sie gekommen waren. Es blieb nichts übrig: Der Alte musste wieder nach der Nadel greifen und der Junge sich bei einem Müller verdingen.

Der dritte Bruder war zu einem Drechsler in die Lehre gegangen, und weil es ein kunstreiches Handwerk ist, musste er am längsten lernen. Seine Brüder aber meldeten ihm in einem Briefe, wie schlimm es ihnen ergangen war und wie sie der Wirt noch am letzten Abend um ihre schönen Wünschdinge gebracht hatte. Als der Drechsler nun ausgelernt hatte und wandern sollte, schenkte ihm sein Meister, weil er sich so wohl gehalten hatte, einen Sack und sagte: „Es liegt ein Knüppel darin." – „Den Sack kann ich umhängen, und er kann mir gute Dienste leisten. Aber was soll der Knüppel darin? Der macht ihn nur schwer." – „Das will ich dir sagen", antwortete der Meister. „Hat dir jemand etwas zu Leide getan, so sprich nur: ‚Knüppel, aus dem Sack'. Sofort springt er heraus und tanzt dem Bösewicht so lustig auf dem Rücken herum, dass er sich acht Tage lang nicht regen und bewegen kann. Und er lässt nicht eher ab, als bis du sagst: ‚Knüppel, in den Sack!'" Der Geselle dankte ihm, hängte sich den Sack um, und wenn ihm jemand zu nahe kam und auf den Leib wollte, so sprach er: „Knüppel, aus dem Sack!" Alsbald sprang der Knüppel heraus und klopfte einem nach dem andern den Rock oder Wams gleich auf dem Rücken aus und wartete nicht erst, bis er ihn ausgezogen hatte. Und das ging so geschwind, dass, eh sich's einer versah, die Reihe schon an ihm war. Der junge Drechsler langte zur Abendzeit in dem Wirtshaus an, wo seine Brüder betro-

gen worden waren. Er legte seinen Ranzen vor sich auf den Tisch und fing an zu erzählen, was er alles Merkwürdiges in der Welt gesehen hatte. „Ja“, sagte er, „man findet wohl ein ‚Tischlein, deck dich‘, einen Goldesel und dergleichen mehr – lauter gute Dinge, die ich nicht verachte. Aber das ist alles nichts gegen den Schatz, den ich mir erworben habe und mit mir da in meinem Sack führe.“ Der Wirt spitzte die Ohren. ‚Was in aller Welt mag das sein?‘, dachte er. ‚Der Sack ist wohl mit lauter Edelsteinen angefüllt. Den sollte ich auch noch haben, denn aller guten Dinge sind drei.‘

Als Schlafenszeit war, streckte sich der Gast auf der Bank aus und benutzte seinen Sack als Kopfkissen. Der Wirt, als er meinte, der Gast läge in tiefem Schlaf, ging herbei, rückte und zog ganz sachte und vorsichtig an dem Sack, ob er ihn vielleicht wegziehen und einen anderen unterlegen könnte. Der Drechsler aber hatte schon lange darauf gewartet. Wie nun der Wirt eben einen herzhaften Ruck tun wollte, rief er: „Knüppel, aus dem Sack!“ Alsbald fuhr das Knüppelchen heraus, dem Wirt auf den Leib, und rieb ihm die Nähte, dass es eine Art hatte. Der Wirt schrie zum Erbarmen, aber je lauter er schrie, desto kräftiger schlug der Knüppel den Takt auf seinem Rücken, bis er endlich erschöpft zur Erde fiel. Da sprach der Drechsler: „Wenn du das ‚Tischlein, deck dich‘ und den Goldesel nicht wieder herausgibst, soll der Tanz von Neuem beginnen!“ – „Ach nein“, rief der Wirt ganz kleinlaut, „ich gebe alles gerne wieder heraus. Lasst nur den verwünschten Kobold wieder in den Sack kriechen!“ Da sprach der Geselle: „Ich will Gnade für Recht ergehen lassen, aber hüte dich vor Schaden!“ Dann rief er: „Knüppel, in den Sack!“, und ließ ihn ruhen.

Der Drechsler zog am andern Morgen mit dem ‚Tischlein, deck dich‘ und dem Goldesel heim zu seinem Vater. Der Schneider freute sich, als er ihn wiedersah, und fragte auch ihn, was er in der Fremde gelernt hätte. „Lieber Vater“, antwortete er, „ich bin ein Drechsler geworden.“ – „Ein kunstreiches Handwerk“, sagte der Vater. „Was hast du von der Wanderschaft mitgebracht?“ – „Ein kostbares Stück, lieber Vater“, antwortete der Sohn, „einen Knüppel in einem Sack.“ – „Was?“, rief der Vater. „Einen Knüppel! Das ist der Mühe wert! Den kannst du dir von jedem Baume abhauen!“ – „Aber einen solchen nicht, lieber Vater. Sage ich ‚Knüppel, aus dem Sack!‘, so springt der Knüppel heraus und macht mit dem, der es nicht gut mit mir meint, einen schlimmen Tanz, und lässt nicht eher nach, bis er auf der Erde liegt und um gut Wetter bittet. Seht Ihr, mit diesem Knüppel habe ich das ‚Tischlein, deck dich' und den Goldesel wieder herbeigeschafft, die der diebische Wirt meinen Brüdern abgenommen hatte. Jetzt lasst sie beide rufen und ladet alle Verwandten ein. Ich will sie speisen und tränken und will ihnen die Taschen noch mit Gold füllen." Der alte Schneider wollte nicht recht trauen, brachte aber doch die Verwandten zusammen. Da breitete der Drechsler ein Tuch in die Stube aus, führte den Goldesel herein und sagte zu seinem Bruder: „Nun, lieber Bruder, sprich mit ihm." Der Müller sagte: „Bricklebrit!", und augenblicklich sprangen die Goldstücke auf das Tuch herab, als käme ein Platzregen, und der Esel hörte nicht eher auf, als bis alle so viel hatten, dass sie nicht mehr tragen konnten. Dann holte der Drechsler das Tischchen und sagte: „Lieber Bruder, nun sprich mit ihm." Und kaum hatte der Schreiner ‚Tischlein, deck dich' gesagt, war es gedeckt und mit den schönsten Schüsseln reichlich besetzt. Da ward eine Mahlzeit gehalten, wie der gute Schneider noch keine in seinem Hause erlebt hatte, und die ganze Verwandtschaft blieb beisammen bis in die Nacht, und alle waren lustig und vergnügt. Der Schneider schloss Nadel und Zwirn, Elle und Bügeleisen in einen Schrank und lebte mit seinen drei Söhnen in Freude und Herrlichkeit.

5

Hans im Glück

Jochen Unbehaun

Track 5 und 15

Hans im Glück

1. Ei, wer kommt denn da die Straße lang marschiert?
Ist das nicht der Hans, der nie den Mut verliert?
Tschüss und ausgezahlt, so hat's der Hans gewollt,
macht sich auf den Weg mit einem Klumpen Gold.
So ein Klumpen Gold ist aber ganz schön schwer,
doch da kommt ein Reiter hoch zu Ross daher:
„So ein Pferd, mein Hans, das wär doch angenehm,
lass uns einfach tauschen, wirst es selber seh'n!"

Refrain
Ja, der Hans im Glück, hättste das gedacht?
Schau'n wir mal, was der Hans sonst noch macht!
Ja, dem Hans im Glück fällt immer etwas ein,
darum lässt das Glück den Hans auch nie allein.

2. ‚Alles klar', denkt Hans, und alles Gold ist weg,
hoch zu Ross kommt Hans nun superschnell vom Fleck!
Allez, hop und hopp und hottehü im Trab
fliegt der Hans vom Gaul und in den Matsch hinab.
Kommt ein Bauer da mit seiner Kuh vorbei,
sagt, wie schön das Leben mit 'ner Kuh doch sei!
„Gibst du mir das Pferd, dann geb ich dir die Kuh,
brauchst sie nur zu melken und hast Milch im Nu."

Refrain
Ja, der Hans im Glück …

3. Zupft der Hans der Kuh an ihrem Euter rum,
doch wo bleibt die Milch? Das find ich aber dumm!
Und die Kuh voll Wut und voller Überdruss
gibt ihm einen Tritt mit ihrem Hinterfuß.
Und schon wieder reibt sich unser Hans das Bein,
doch da kommt ein Bauer mit 'nem dicken Schwein.
‚Ach', denkt Hans, ‚wenn ich doch so ein Schweinchen hätt,
hätt ich immer Wurst und immer Schweinskotelett.'

Refrain
Ja, der Hans im Glück …

4. Kommt ein Mann daher mit seiner fetten Gans,
sieht das Schwein und sagt: „Das Schwein, mein lieber Hans,
ist gestohlen und bringt dir gewiss kein Glück,
nimmst du meine Gans, bring ich das Schwein zurück!"
Nun hat Hans die Gans und all das schöne Fett,
Gänseschmalz und Federn für sein Federbett.
Kommt ein Scherenschleifer, dreht das Rad geschwind,
sieht den Hans und sagt zu ihm: „Komm her, mein Kind."

Refrain
Ja, der Hans im Glück …

5. „Gibst du mir die Gans für diesen schönen Stein,
wirst du bald der reichste Mann im Lande sein.
Wirst ein Scherenschleifer, das ist gar nicht schwer."
Hans, der kann's nicht fassen, und er freut sich sehr.
Kurz vorm Haus von seinem lieben Mütterlein
sitzt der Hans am Brunnen an dem Brunnenstein,
beugt sich tief hinab und grade wie er trinkt,
hört er, wie es plumpst und wie der Stein versinkt.

Refrain
Ja, der Hans im Glück …

Hans im Glück

Hans hatte sieben Jahre bei seinem Herrn gedient, da sprach er zu ihm: „Herr, meine Zeit ist herum. Nun wollte ich gerne wieder heim zu meiner Mutter. Gebt mir meinen Lohn." Der Herr antwortete: „Du hast mir treu und ehrlich gedient, und wie der Dienst war, so soll auch der Lohn sein", und gab ihm ein Stück Gold, das so groß war wie Hans' Kopf. Hans zog ein Tüchlein aus der Tasche, wickelte den Klumpen hinein, setzte ihn auf die Schulter und machte sich auf den Weg nach Haus. Wie er so dahinging und immer ein Bein vor das andere setzte, kam ihm ein Reiter in die Augen, der frisch und fröhlich auf einem munteren Pferd vorbeitrabte. „Ach", sprach Hans ganz laut, „was ist das Reiten ein schönes Ding! Da sitzt einer wie auf einem Stuhl, stößt sich an keinem Stein, spart die Schuhe und kommt schnell voran." Der Reiter, der das gehört hatte, hielt an und rief: „Ei, warum läufst du auch zu Fuß?" – „Ich muss ja wohl", antwortete Hans. „Ich habe da einen Klumpen heim zu tragen. Zwar ist es Gold, aber ich kann den Kopf nicht gerade halten. Auch drückt es mir auf die Schulter." – „Weißt du was?", sagte da der Reiter. „Wir wollen tauschen: Ich gebe dir mein Pferd, und du gibst mir deinen Klumpen." – „Von Herzen gern!", sprach Hans. „Aber ich sage Euch, Ihr werdet Euch damit abschleppen." Der Reiter stieg ab, nahm das Gold, half dem Hans hinauf, gab ihm die Zügel fest in die Hände und sprach: „Wenn es nun recht geschwind soll gehen, so musst du mit der Zunge schnalzen und ‚Hopp, hopp!' rufen."

Hans war heilfroh, als er auf dem Pferd saß und so frank und frei dahin ritt. Nach einem Weilchen wollte er schneller vorankommen, schnalzte mit der Zunge und rief: „Hopp, hopp!" Das Pferd setzte sich in starken Trab, und ehe sich Hans versah, war er abgeworfen und lag in einem Graben, der die Äcker von der Landstraße trennte. Das Pferd wäre durchgegangen, wenn es nicht ein Bauer aufgehalten hätte, der des Weges kam und eine Kuh vor sich hertrieb. Hans suchte seine Glieder zusammen und machte sich wieder auf die Beine. Er war aber verdrießlich und sprach zu dem Bauer: „Es ist ein schlechter Spaß, das Reiten, zumal wenn man auf so eine Mähre gerät wie diese, die stößt und einen abwirft, dass man sich den Hals brechen kann. Ich setze mich nun nimmermehr wieder drauf. Da lob ich mir Eure Kuh. Der kann einer mit Gemächlichkeit hinterhergehen und hat obendrein seine Milch, Butter und Käse jeden Tag gewiss. Was gäbe ich darum, wenn ich so eine Kuh hätte!" – „Nun", sprach der Bauer, „tu ich Euch so einen großen Gefallen, dann will ich wohl die Kuh gegen das Pferd eintauschen." Hans willigte mit tausend Freuden ein. Der Bauer schwang sich aufs Pferd und ritt eilig davon.

Hans trieb seine Kuh ruhig vor sich her und bedachte den glücklichen Handel. „Hab ich nur ein Stück Brot, und daran wird es mir nicht fehlen, so kann ich, sooft es mir beliebt, Butter und Käse dazu essen. Hab ich Durst, so melk ich meine Kuh und trinke Milch. Herz, was verlangst du mehr?“ Als er zu einem Wirtshaus kam, machte er halt, aß in der großen Freude alles auf, was er bei sich hatte, sein Mittags- und Abendbrot, und ließ sich für seine letzten paar Heller ein halbes Glas Bier einschenken. Dann trieb er seine Kuh weiter, immer nach dem Dorfe seiner Mutter zu. Die Hitze ward drückender, je näher der Mittag kam, und Hans ward es ganz heiß, sodass ihm vor Durst die Zunge am Gaumen klebte. ‚Dem Ding ist zu helfen‘, dachte Hans. ‚Jetzt will ich meine Kuh melken und mich an der Milch laben.‘ Er band sie an einen dürren Baum, und da er keinen Eimer hatte, stellte er seine Ledermütze unter. Aber wie er sich auch bemühte, es kam kein Tropfen Milch zum Vorschein. Und weil er sich ungeschickt dabei anstellte, so gab ihm das ungeduldige Tier endlich mit einem der Hinterfüße einen solchen Schlag vor den Kopf, dass er zu Boden taumelte und sich eine Zeitlang gar nicht besinnen konnte, wo er war. Glücklicherweise kam gerade ein Metzger des Weges, der auf einem Schubkarren ein junges Schwein liegen hatte. „Was sind das für Streiche!“, rief er und half dem guten Hans auf. Hans erzählte, was vorgefallen war. Der Metzger reichte ihm seine Flasche und sprach: „Da trinkt einmal und erholt Euch. Die Kuh will wohl keine Milch geben. Das ist ein altes Tier, das höchstens noch zum Ziehen taugt oder zum Schlachten.“ – „Ei, ei“, sprach Hans und strich sich die Haare über den Kopf, „wer hätte das gedacht? Es ist freilich gut, wenn man so ein Tier schlachten kann. Aber ich mache mir nicht viel aus Kuhfleisch, es ist mir nicht saftig genug. Ja, wenn man so ein junges Schwein hätte! Das schmeckt anders, dabei noch die Würste.“ – „Hört, Hans“, sprach da der Metzger, „Euch zuliebe will ich tauschen und Euch das Schwein für die Kuh lassen.“ – „Gott lohn Euch Eure Freundschaft“, sprach Hans, übergab ihm die Kuh, ließ sich das Schweinchen vom Karren losmachen und den Strick, woran es gebunden war, in die Hand geben.

So zog er weiter und überdachte, wie ihm doch alles nach Wunsch ginge. Begegnete ihm eine Schwierigkeit, so würde sie doch gleich wieder behoben. Es gesellte sich danach ein Bursche zu ihm, der trug eine schöne weiße Gans unter dem Arm. Hans fing an, von seinem Glück zu erzählen und wie er immer so vorteilhaft getauscht hätte. Der Bursche erzählte ihm, dass er die Gans zu einem Kindstaufschmaus brächte. „Hebt einmal“, fuhr er fort und packte sie bei den Flügeln, „wie schwer sie ist. Acht Wochen lang wurde sie genudelt. Wer in den Braten beißt, muss sich das Fett von beiden Seiten abwischen.“ – „Ja“, sprach Hans und wog sie mit der einen Hand,

„die hat ihr Gewicht, aber mein Schwein ist auch keine Sau.“ Indessen sah sich der Bursche sorgenvoll nach allen Seiten um und schüttelte den Kopf. „Hört“, fing er darauf an, „mit Eurem Schwein mag es nicht ganz richtig sein. In dem Dorf, durch das ich gekommen bin, ist eben dem Gemeindevorsteher eins aus dem Stall gestohlen worden. Ich fürchte, Ihr habt es da an der Leine. Sie haben Leute ausgeschickt, und es wäre ein schlimmer Handel, wenn sie Euch mit dem Schwein erwischten: Das Geringste ist, dass Ihr ins Gefängnis gesteckt werdet.“ Dem guten Hans ward bang. „Ach Gott“, sprach er, „helft mir aus der Not. Ihr kennt Euch hier besser aus. Nehmt mein Schwein und lasst mir Eure Gans.“ – „Ich muss schon etwas aufs Spiel setzen“, antwortete der Bursche, „aber ich will doch nicht schuld sein, dass Ihr ins Unglück geratet.“ Er nahm also das Seil in die Hand und trieb das Schwein schnell auf einem Seitenweg fort. Der gute Hans aber ging, seiner Sorgen entledigt, mit der Gans unter dem Arme der Heimat zu. „Wenn ich es recht überlege“, sprach er mit sich selbst, „habe ich noch Vorteil bei dem Tausch: zuerst den guten Braten und danach die Menge von Fett, die heraustraufeln wird. Das gibt Gänsefettbrot auf ein Vierteljahr. Und schließlich die schönen weißen Federn! Die lass ich mir in mein Kopfkissen stopfen, und darauf will ich wohl schlafen. Was wird sich meine Mutter freuen!“
Als er durch das letzte Dorf gekommen war, stand da ein Scherenschleifer mit seinem Karren, sein Rad schnurrte, und er sang dazu:
„Ich schleife die Schere und drehe geschwind
und hänge mein Mäntelchen nach dem Wind.“
Hans blieb stehen und sah ihm zu. Endlich sprach er ihn an: „Ihr seid so lustig beim Schleifen. Euch scheint es gut zu gehen!“ – „Ja“, antwortete der Scherenschleifer, „das Handwerk hat einen güldenen Boden. Ein rechter Schleifer ist ein Mann, der, sooft er in die Tasche greift, auch Geld darin findet. Aber wo habt Ihr die schöne Gans gekauft?“ – „Die hab ich nicht gekauft, sondern für mein Schwein eingetauscht.“ – „Und das Schwein?“ – „Das hab ich für eine Kuh gekriegt.“ – „Und die Kuh?“ – „Die hab ich für ein Pferd bekommen.“ – „Und das Pferd?“ – „Dafür hab ich einen Klumpen Gold, so groß wie mein Kopf, bekommen.“ – „Und das Gold?“ – „Ei, das war mein Lohn für sieben Jahre Dienst.“ – „Ihr habt Euch jederzeit zu helfen gewusst“, sprach der Schleifer. „Könnt Ihr es nun schaffen, dass Ihr das Geld in der Tasche springen hört, wenn Ihr aufsteht, so habt Ihr Euer Glück gemacht.“ – „Wie soll ich das anfangen?“, fragte Hans. „Ihr müsst ein Schleifer werden wie ich. Dazu gehört eigentlich nichts als ein Wetzstein, das andere findet sich schon von selbst. Da hab ich einen, der ist zwar ein wenig schadhaft, dafür sollt Ihr mir aber auch weiter nichts als Eure

Gans geben. Wollt Ihr das?" – „Wie könnt Ihr noch fragen", antwortete Hans. „Ich werde ja zum glücklichsten Menschen auf Erden. Habe ich Geld, sooft ich in die Tasche greife, brauche ich mich nicht länger zu sorgen", reichte ihm die Gans hin und nahm den Wetzstein in Empfang. „Nun", sprach der Schleifer und hob einen gewöhnlichen schweren Feldstein auf, der neben ihm lag, „da habt Ihr noch diesen Stein dazu. Auf ihm lässt es sich gut schlagen, sodass Ihr auch noch Eure alten Nägel gerade klopfen könnt. Nehmt beide und hebt sie ordentlich auf."

Hans lud den Stein auf und ging mit vergnügtem Herzen weiter. Seine Augen leuchteten vor Freude. „Ich muss in einer Glückshaut geboren sein", rief er aus. „Alles, was ich mir wünsche, trifft ein, wie bei einem Sonntagskind." Indessen, weil er seit Tagesanbruch auf den Beinen gewesen war, begann er müde zu werden. Auch plagte ihn der Hunger, da er allen Vorrat auf einmal in der Freude über die erhandelte Kuh aufgezehrt hatte. Er konnte nur noch mit Mühe weitergehen und musste alle Meter Halt machen. Dabei drückten ihn die Steine ganz erbärmlich. Da konnte er sich des Gedankens nicht erwehren, wie gut es wäre, wenn er sie gerade jetzt nicht zu tragen brauchte. Wie eine Schnecke kam er zu einem Feldbrunnen geschlichen, wollte da ruhen und sich mit einem frischen Trunk laben. Damit er aber die Steine im Niedersitzen nicht beschädigte, legte er sie bedächtig neben sich auf den Rand des Brunnens. Beim Hinsetzen stieß er sie jedoch aus Versehen an, und beide Steine plumpsten hinab.

Hans sprang vor Freude auf, als er sie in der Tiefe versinken sah, kniete dann nieder und dankte Gott mit Tränen in den Augen, dass er ihm auch diese Gnade noch erwiesen und ihn auf eine so gute Art von den schweren Steinen, die so hinderlich gewesen waren, befreit hatte. „So glücklich wie ich", rief er aus, „gibt es keinen Menschen unter der Sonne." Mit leichtem Herzen und frei von aller Last sprang er nun fort, bis er daheim bei seiner Mutter war.

6

Hase und Igel

Jochen Unbehaun

Track 6 und 16

Hase und Igel

1. Hinter dem Wäldchen beim Hügel
ging eines Sonntags ein Igel
morgens beim Sonnenschein durch das Gras,
doch ein Hase verdarb ihm den Spaß:
„Was machst du auf meinem Hügel,
du ungehobelter Igel?
Pack deine krummen vier Beine ein,
dieser Hügel gehört mir allein!“

2. Über das Zetern des Hasen
empörten sich ohne Maßen
sämtliche Tiere von ringsumher,
denn den Hasen, den hassten sie sehr.
Da steigt der furchtlose Igel
noch einmal rauf auf den Hügel:
„Du alter, affiger Hasenprotz,
bist ein ganz ungehobelter Klotz!

3. Und meine krummen vier Beine
sind zehnmal schneller als deine!“
Da lacht der Hase ganz dick und fett:
„Morgen früh laufen wir um die Wett'!“
In aller Früh um halb achte,
da gehen zwei Igel ganz sachte
zum Hasenhügel ein kleines Stück,
doch zuletzt bleibt Frau Igel zurück.

4. Zwischen Kartoffeln und Rüben
sieht man den Hasen hinstieben.
Doch wie er saust übers Feld im Nu,
winkt von drüben Frau Igel ihm zu.
Und auch am anderen Ende,
da reibt sich der Igel die Hände:
„Nun, alter Hase, es geht nicht mehr?
Ich bin schneller als du, bitte sehr!“

5. Nach einer Dreiviertelstunde,
am Ende der siebzigsten Runde,
geht unserm Hasen die Puste aus,
und die Igel geh'n fröhlich nach Haus.
Hinter dem Wäldchen beim Hügel,
da feiern am Abend die Igel
mit allen Tieren ganz ungestört,
dass der Hügel jetzt allen gehört.

Hase und Igel

Es war an einem Sonntagmorgen zur Herbstzeit, gerade als der Buchweizen blühte. Die Sonne war hell am Himmel aufgegangen, der Morgenwind ging warm über die Stoppeln, die Lerchen sangen in der Luft, die Bienen summten im Buchweizen, die Leute gingen in ihrem Sonntagsstaat zur Kirche. Jede Kreatur war vergnügt und der Igel auch. Er stand vor seiner Tür, hatte die Arme übereinander geschlagen, guckte dabei in den Morgenwind hinaus, summte ein kleines Liedchen vor sich hin und überlegte: Solange seine Frau die Kinder wüsche und anzöge, könnte er doch ein bisschen spazieren gehen und nach den Steckrüben sehen. Gesagt, getan. Der Igel machte die Haustür hinter sich zu und schlug den Weg nach dem Felde ein. Just als er um den Schlehenbusch herumging, begegnete ihm der Hase, der gerade seinen Kohl besehen wollte. Freundlich sagte der Igel: „Guten Morgen!“ Der Hase aber, der sich für etwas Besseres hielt und dabei grausam und hochfahrend war, antwortete nicht auf den Gruß, sondern sagte mit einer höhnischen Miene zum Igel: „Wie kommt es denn, dass du schon so früh am Morgen im Felde herumläufst?” – „Ich geh spazieren”, sagte der Igel. „Spazieren?”, lachte der Hase. „Ich denke, du könntest deine Beine zu besseren Dingen gebrauchen.” Diese Antwort verdross den Igel sehr, denn auf seine Beine ließ er nichts kommen, eben weil sie von Natur aus schief waren. „Du bildest dir wohl ein”, sagte nun der Igel zum Hasen, „dass du mit deinen Beinen mehr ausrichten kannst?” – „Das denke ich!”, sagte der Hase. „Das käme auf einen Versuch an”, meinte der Igel. „Ich wette, dass ich bei einem Wettlauf an dir vorbeilaufen würde.“ – „Das ist zum Lachen – du mit deinen schiefen Beinen”, sagte der Hase, „aber meinetwegen mag es sein, wenn du so große Lust darauf hast. Worum wetten wir?” – „Um einen Goldtaler und eine Buddel Branntwein”, sagte der Igel. – „Angenommen!”, sprach der Hase. „Schlag ein, und dann kann es gleich losgehen.” – „Nein, so große Eile hat es nicht”, meinte der Igel. „Erst will ich nach Hause gehen und ein bisschen frühstücken. In einer halben Stunde bin ich wieder da.”

Da der Hase zufrieden war, ging der Igel und dachte unterwegs bei sich: ‚Der Hase verlässt sich auf seine langen Beine, aber ich werde ihn schon kriegen. Obwohl er vornehm ist, ist er dumm. Und er soll bezahlen.’ Zu Hause sprach der Igel zu seiner Frau: „Zieh dich schnell an. Du musst mit mir aufs Feld hinaus!” – „Was gibt es denn?”, fragte seine Frau. „Ich habe mit dem Hasen um einen Goldtaler und eine Buddel Branntwein gewettet. Ich will mit ihm um die Wette laufen, und du sollst

mit dabei sein." – „Oh, mein Gott", fing nun die Igelfrau an zu jammern, „bist du nicht recht gescheit? Hast du denn ganz den Verstand verloren? Wie kannst du mit dem Hasen um die Wette laufen wollen?" – „Das ist meine Sache", sagte der Igel. „Misch dich nicht in Männergeschäfte! Zieh dich an und komm mit!" Da ging die Frau mit, ob sie nun wollte oder nicht.
Unterwegs sprach der Igel zu ihr: „Nun pass auf, was ich dir sagen will. Siehst du: Auf dem langen Acker dort wollen wir unseren Wettlauf machen. Der Hase läuft in der einen Furche und ich in der anderen. Dort hinten fangen wir an. Du hast nichts weiter zu tun, als dich hier hinzustellen. Und wenn der Hase bei dir ankommt, so rufst du ihm entgegen: ‚Ich bin schon hier!'"
Damit waren sie beim Acker angelangt. Der Igel zeigte seiner Frau ihren Platz und ging nun selber ans andere Ende. Als er dort ankam, war der Hase schon da. „Kann es losgehen?", fragte der Hase. „Jawohl", sagte der Igel. Und damit stellte sich jeder in seine Furche. Der Hase zählte: „Eins, zwei, drei!" Und los ging es wie ein Sturmwind den Acker hinunter. Der Igel aber lief nur ungefähr drei Schritte, dann duckte er sich in die Furche und blieb ruhig sitzen.
Als nun der Hase in vollem Lauf unten am Acker ankam, rief ihm die Igelfrau entgegen: „Ich bin schon hier!" Der Hase stutzte, wunderte sich und dachte: ‚Das geht nicht mit rechten Dingen zu.' Er rief: „Noch mal gelaufen!" Und fort ging er wieder wie ein Sturmwind, dass ihm die Ohren um den Kopf flogen. Des Igels Frau aber blieb ruhig auf ihrem Platz stehen. Als nun der Hase oben beim Igel ankam, rief dieser: „Ich bin schon hier!" Der Hase aber, ganz außer sich vor Ärger, schrie: „Noch einmal gelaufen!" – „Mir macht das nichts", antwortete der Igel. „Meinetwegen, sooft du Lust hast." So lief der Hase noch dreiundsiebzig Mal, und jedes Mal, wenn er unten oder oben ankam, sagte der Igel oder seine Frau: „Ich bin schon hier."
Beim vierundsiebzigsten Male aber kam der Hase nicht mehr bis ans Ende. Mitten auf dem Acker stürzte er tot zur Erde. Der Igel aber nahm seinen gewonnenen Goldtaler und die Buddel Branntwein, holte seine Frau ab, und so gingen beide vergnügt miteinander nach Hause. Und wenn sie nicht gestorben sind, leben sie heute noch.
Die Lehre aus dieser Geschichte ist, dass keiner, und wenn er sich auch für noch so vornehm hält, sich über einen geringen Mann lustig mache, und wenn es auch nur ein Igel wäre.

7

Die kluge Bauerntochter

Jochen Unbehaun

Track 7 und 17

Die kluge Bauerntochter

1. Ein Diener, alt an Jahren, bekam vor langer Zeit,
vom König überlassen aus purer Freundlichkeit,
zu seinem kleinen Häuschen ein kleines Stückchen Land
für Gurken, Kohl und Möhren und sonst noch allerhand.
Er sagt' zu seiner Tochter: „Komm her, wir graben um,
wir setzen uns Kartoffeln, das wäre doch nicht dumm.
Und ist das Jahr vorüber mit aller Plackerei,
dann gibt es Bratkartoffeln mit Spiegelei!"

2. Sie gruben mit dem Spaten, das Glück war ihnen hold:
Sie fanden einen Mörser, der war aus purem Gold!
„Den bringen wir zum König!" Da sagt die Tochter: „Nein,
dann will er auch den Stößel, das lass mal lieber sein."
Der Vater wollt' nicht hören, die Tochter hatte Recht,
kein Stößel war zu finden, da ging's den beiden schlecht:
Nun sitzt der Mann im Kerker bei Wasser und bei Brot,
die Tochter ging zum König: „Du liebe Not."

3. Der sagt: „Ich weiß ein Rätsel, die Lösung ist nicht schwer:
Nicht reitend und nicht fahrend komm morgen wieder her,
nicht nackt und nicht bekleidet, nicht auf der Wagenspur
und geh auch nicht daneben, ja, das verlang ich nur.
Und kommst du auf die Lösung, dann nehm ich dich zur Frau,
und auch dein alter Vater kommt wieder aus dem Bau."
Des Bauern kluge Tochter denkt nach die ganze Nacht
und hat sich früh am Morgen was ausgedacht.

4. Sie zieht sich aus die Kleider, ein Netz umhüllt sie ganz,
das knotet sie behände an einen Eselsschwanz.
Der Esel voller Panik geht wie der Teufel ab,
im Netz die schlaue Bäurin schwebt überm Boden knapp.
Der König steht am Fenster, er hat noch nie erlebt,
dass jemand vom Gesinde am Schloss vorüberschwebt.
„Nicht reitend und nicht fahrend, du siehst, es ist nicht schwer,
nicht nackt und nicht bekleidet komm ich daher.

5. Ich geh auch nicht daneben, nicht in der Wagenspur,
du hast dein Wort gegeben, erinnere dich nur.
Ich hab des Rätsels Lösung, nun nimmst du mich zur Frau
und holst mir meinen Vater gleich wieder aus dem Bau."
Sein Wort hat er gegeben, da war man schnell versöhnt,
die Bauerntochter wurde zur Königin gekrönt.
Ihr Vater kam in Freiheit, und nach zwei Wochen schon
begrüßte er den König als Schwiegersohn!

Die kluge Bauerntochter

Es war einmal ein armer Bauer, der hatte kein Land, nur ein kleines Häuschen und eine Tochter. Diese sprach: „Wir sollten den Herrn König um ein Stückchen Rottland* bitten.“ Als der König von ihrer Armut hörte, schenkte er ihnen ein Eckchen Rasen, auf dem sie ein wenig Korn und dergleichen säen wollten. Als sie den Acker beinah umgegraben hatten, fanden sie in der Erde einen Mörser aus purem Gold. „Höre“, sagte der Vater zu dem Mädchen, „weil unser Herr König so gnädig war und uns diesen Acker schenkte, müssen wir ihm den Mörser dafür geben.“ Die Tochter aber wollte nicht und sagte: „Vater, wenn wir den Mörser haben, dann müssen wir auch den Stößel herbeischaffen. Darum schweigt lieber still.“ Er wollte ihr aber nicht gehorchen, nahm den Mörser, trug ihn zum König und sagte, den hätte er gefunden in der Heide, ob er ihn als eine Verehrung annehmen wolle. Der König nahm den Mörser und fragte, ob er nicht mehr gefunden hätte. „Nein“, antwortete der Bauer. Da sagte der König, er solle nun auch den Stößel herbeischaffen. Der Bauer sprach, den hätten sie nicht gefunden. Aber das half ihm so viel, als hätte er es in den Wind gesagt. Er wurde ins Gefängnis gesetzt und sollte so lange dort bleiben, bis er den Stößel herbeigeschafft hätte. Die Bediensteten, die ihm täglich Wasser und Brot bringen mussten, hörten, wie der Mann in einem fort schrie: „Ach, hätte ich auf meine Tochter gehört! Ach, hätte ich nur auf meine Tochter gehört!“ Da gingen die Diener zum König und erzählten ihm davon und dass der Bauer nicht essen und nicht trinken wolle. Da befahl der König ihnen, sie sollten den Gefangenen zu ihm bringen. Diesen fragte er, warum er in einem fort schreie und was seine Tochter denn gesagt hätte. „Sie hat gesagt, ich solle den Mörser nicht bringen, sonst müsste ich auch den Stößel herbeischaffen.“ – „Wenn Ihr so eine kluge Tochter habt, lasst sie einmal herkommen!“ Also musste sie vor den König kommen. Der fragte sie, ob sie denn wirklich so klug sei, und

sagte, er wolle ihr ein Rätsel aufgeben. Wenn sie dies lösen könne, dann wolle er sie heiraten. Da sagte sie gleich Ja, sie wolle es erraten. Da sagte der König: „Komm zu mir, nicht gekleidet, nicht nackt, nicht geritten, nicht gefahren, nicht auf dem Weg und nicht daneben. Wenn du das kannst, will ich dich heiraten."

Sie ging nach Hause und zog sich splitternackt aus. Da war sie nicht gekleidet. Sie nahm ein großes Fischernetz und wickelte es ganz um sich herum. Da war sie nicht nackt. Sie borgte sich einen Esel, dem sie das Fischernetz an den Schwanz band, sodass er sie fortschleppen musste. So würde sie nicht geritten und nicht gefahren kommen. Der Esel musste sie aber in der Wagenspur schleppen, sodass sie nur mit der großen Zehe auf die Erde kam. Und so war sie nicht auf dem Weg und nicht daneben. Und wie sie so daherkam, sagte der König, sie hätte das Rätsel gelöst, und es wäre alles erfüllt. Da ließ er ihren Vater aus dem Gefängnis und nahm sie zur Gemahlin.

*Rottland = Ackerland, das durch (Brand-) Rodung gewonnen wurde

8

Die kluge Gretel

Jochen Unbehaun

Track 8 und 18

Die kluge Gretel

1. Einst sagte ein Baron zu seiner Magd:
„Heut hat sich ein Besucher angesagt.
Steck gleich mal auf den Spieß zwei Hühnerlein,
um sieben muss
das Essen fertig sein."
Sie dreht den Spieß, ein feiner Duft
verbreitet sich da in der Luft.
Schon fängt das Fett zu tropfen an,
ob man da mal probieren kann?
„Ach, schau nur, wie die Haut sich bräunt im Nu!
Ich koste mal ein Stück,
auch das gehört dazu.

2. Wie wäre es mit einem Hühnerbein?
Nun ist das andre Bein so ganz allein!
Und jetzt schau'n nur noch beide Flügel raus,
ach, das sieht aber wirklich
ganz erbärmlich aus.
Drum nimm dir noch die Hühnerbrust,
zu der du auch was trinken musst,
sonst kriegst du einen trock'nen Mund,
das ist beim Essen ungesund.
Vom Wein des Herrn Baron schenk ich mir ein,
da wird der Herr Baron
doch nicht dagegen sein."

3. Kaum ist das Huhn verspeist, da klopft es schon,
und draußen steht der Gast vom Herrn Baron.
Die Gretel aber schiebt ihn raus zur Tür:
„Mein Herr, macht Euch nur
ganz geschwinde fort von hier!
Oh, wisst Ihr nicht, oh Schreck, oh Graus,
Ihr seid in einem Mörderhaus!
Ein Unhold voller Niedertracht
hat manchen hier schon tot gemacht!"
Da denkt der Gast, es sei um ihn gescheh'n,
so schnell hat Gretel
niemals einen flitzen sehn.

4. Nun ist die Gretel wieder ganz allein.
Da kommt der Herr Baron zur Küche rein.
Die Gretel schaut ihn an mit schrägem Blick:
„Mein Herr, mit Eurem Gast,
das ist ein starkes Stück!
Fällt mit der Türe rein ins Haus
und rennt mit meinem Huhn hinaus.
Ich frag mich, wo will der denn hin?
Wo ich doch beim Servieren bin!"
Da sagt der Herr Baron: „Na, das ist fein –
verschwindet mit dem Huhn?
Das kann ja wohl nicht sein!

5. Egal, wo unser Gast auch immer steckt,
dann hast du eben heut für uns gedeckt.
Ein Huhn ist ja noch da, das reicht für zwei.
Drum Gretel, komm,
für dich ist dieser Platz nun frei!"
Und in der schönsten Zweisamkeit
ergreift er die Gelegenheit:
„Ach, Gretelein, du kochst so fein,
du könntest Frau Baronin sein!"
Und kaum sind zwei, drei Jahr' ins Land geeilt,
wird jedes Huhn beim Herrn Baron
durch drei geteilt.

Die kluge Gretel

Es war eine Köchin, die hieß Gretel und trug Schuhe mit roten Absätzen. Wenn sie damit ausging, so drehte sie sich hin und her, war ganz fröhlich und dachte: ‚Du bist doch ein schönes Mädel.' Und wenn sie nach Haus kam, so trank sie aus Fröhlichkeit einen Schluck Wein. Und weil der Wein auch Lust auf Essen macht, probierte sie vom Besten, was sie gekocht hatte, bis sie satt war, und sprach: „Die Köchin muss wissen, wie das Essen schmeckt!"

Es trug sich zu, dass der Herr einmal zu ihr sagte: „Gretel, heut Abend kommt ein Gast. Bereite mir zwei Hühner fein zu." Nun schlachtete sie die Hühner, brühte sie, rupfte sie, steckte sie an den Spieß und brachte sie zum Feuer, damit sie braten sollten. Die Hühner fingen an, braun und gar zu werden, aber der Gast war noch nicht da. Gretel ging zum Herrn und sagte: „Kommt der Gast nicht, so muss ich die Hühner vom Feuer tun. Es ist ein Jammer, wenn sie nicht bald gegessen werden, wenn sie am besten im Saft sind." Sprach der Herr: „So will ich selbst laufen und den Gast holen." Als der Herr den Rücken gekehrt hatte, legte Gretel den Spieß mit den Hühnern beiseite und dachte: ‚So lange beim Feuer zu stehen, macht schwitzig und durstig. Wer weiß, wann die kommen! Derweil spring ich in den Keller und trinke einen Schluck.' Sie lief hinab, setzte einen Krug an, tat einen guten Zug und noch einen zweiten. Nun ging sie, stellte die Hühner wieder übers Feuer, bestrich sie mit Butter und trieb den Spieß lustig herum. Weil aber der Braten so gut roch, dachte Gretel: ‚Es könnte etwas fehlen. Ich muss probieren!', schleckte mit dem Finger und sprach: „Ei, was sind die Hühner gut! Ist ja eine Sünde, dass sie nicht gleich gegessen werden!" Sie lief zum Fenster, ob der Herr mit dem Gast noch nicht käme, sah aber niemanden. Darauf stellte sie sich wieder zu den Hühnern und dachte: ‚Der eine Flügel verbrennt, besser ist es, ich esse ihn weg.' Also schnitt sie ihn ab, aß ihn auf, und er schmeckte ihr. Und wie sie damit fertig war, dachte sie: ‚Der andere muss auch weg, sonst merkt der Herr, dass etwas fehlt.' Wie die zwei Flügel verzehrt waren, ging sie wieder und schaute nach dem Herrn, sah ihn aber nicht. ‚Wer weiß', fiel ihr ein, ‚sie kommen wohl gar nicht und sind wo eingekehrt.' Da sprach sie: „Hei, Gretel, sei guter Dinge. Das eine ist nun angefangen, nimm noch einen frischen Trunk und iss es vollends auf. Warum soll die gute Gottesgabe umkommen?" Also lief sie noch einmal in den Keller, nahm einen ehrbaren

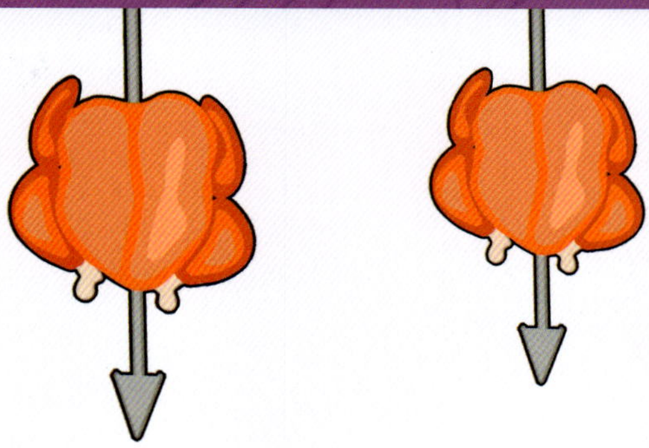

Trunk und aß das eine Huhn in aller Freudigkeit auf. Als das eine Huhn hinunter war und der Herr noch immer nicht kam, sah Gretel das andere an und sprach: „Wo das eine ist, muss das andere auch sein. Die zwei gehören zusammen. Ich glaube, wenn ich noch einen Trunk nehme, soll es mir nicht schaden." Also nahm sie noch einen herzhaften Trunk und aß auch das zweite Huhn.
Wie sie so am Essen war, kam der Herr daher und rief: „Beeile dich, Gretel, der Gast kommt gleich nach." – „Ja, Herr, ich will es schon anrichten", antwortete Gretel. Der Herr sah indessen, ob der Tisch wohl gedeckt war, nahm das große Messer, womit er die Hühner zerschneiden wollte, und wetzte es auf dem Gang. Indessen kam der Gast und klopfte höflich an die Haustür. Gretel lief und schaute, wer da war. Als sie den Gast sah, hielt sie den Finger an den Mund und sprach: „Still! Still! Macht geschwind, dass Ihr wieder fortkommt! Wenn Euch mein Herr erwischt, so seid Ihr unglücklich: Er hat Euch zwar zum Nachtessen eingeladen, aber er hat nichts anders im Sinn, als Euch die beiden Ohren abzuschneiden. Hört nur, wie er das Messer wetzt." Der Gast hörte das Wetzen und eilte, was er konnte, die Stiegen wieder hinab. Gretel war nicht faul, lief schreiend zu dem Herrn und rief: „Da habt Ihr einen schönen Gast eingeladen!" – „Ei, warum, Gretel? Was meinst du damit?" – „Ja", sagte sie, „der hat mir beide Hühner, die ich eben auftragen wollte, von der Schüssel genommen und ist damit fortgelaufen." – „Das ist feine Weise!", sprach der Herr. Es tat ihm Leid um die schönen Hühner, und er dachte: ‚Wenn er mir wenigstens eines gelassen hätte, damit mir was zu essen geblieben wäre.' Er rief ihm nach, er solle bleiben, aber der Gast tat, als hörte er es nicht. Da lief er hinter ihm her, das Messer noch immer in der Hand, schrie: „Nur eins! Nur eins!", und meinte, der Gast solle ihm nur ein Huhn lassen und nicht alle beide nehmen. Der Gast aber glaubte, er solle eins von seinen Ohren hergeben, und lief so schnell er konnte, damit er sie beide heimbrächte.

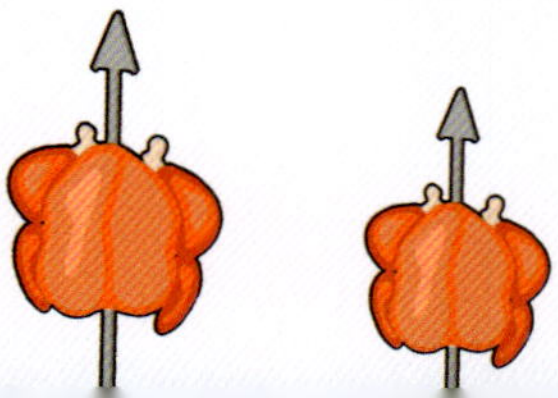

9

Der alte Großvater und der Enkel

Jochen Unbehaun

Track 9 und 19

1. Oje, was ist das Leben doch
in unserm Alter eine Plage!
Die Knochen knirschen noch und noch,
es zwickt und zwackt in jeder Lage.
Der kleinste Schritt fällt einem schwer,
die Knie zittern immer mehr.
Man hört nur schlecht, man sieht nicht viel
und kommt mit Mühe nur zum Ziel.

2. Sogar das Essen wird zur Qual
und auch das Schlucken alle Tage,
und auch das Beißen ist fatal
und erst das Kauen eine Plage.
Die Suppe sabbert aus dem Mund,
man wischt sich jede Viertelstund,
und alle ziehen ein Gesicht:
„Nein, lieber Opa, so geht's nicht."

3. Dann fall'n die ersten Zähne aus,
man sieht sich um nach Zahnprothesen
und bleibt dann lieber gleich zu Haus,
so, Leute, das wär's nun gewesen.
Es gibt auch immer nur Verdruss,
wenn unser Opa zittern muss,
und was man nicht verhindern kann:
Nun ist sein Frühstücksteller dran.

4. Da rückt der kleine Sohnemann
mit seinen Nägelchen und Brettchen an
und sagt: „Ich mach, das ist doch klar,
ein neues Näpfchen für den Großpapa.
Und auch für Papa und Mama,
die kommen auch mal in die Jahr',
und wenn ich groß geworden bin,
ist da für sie die Suppe drin."

Der alte Großvater und der Enkel

Es war einmal ein steinalter Mann, dem waren die Augen trüb geworden, die Ohren taub, und die Knie zitterten ihm. Wenn er bei Tische saß und den Löffel kaum halten konnte, schüttete er Suppe auf das Tischtuch, und es floss ihm auch wieder etwas aus dem Mund heraus. Sein Sohn und dessen Frau ekelten sich davor, und deswegen musste sich der alte Großvater fortan hinter den Ofen in die Ecke setzen. Dort aß er sein Essen aus einem irdenen Schüsselchen und wurde noch nicht einmal satt. Da sah er betrübt zum Tisch hinüber, und die Augen wurden ihm nass.

Eines Tages konnten seine zitterigen Hände das Schüsselchen nicht festhalten, es fiel zur Erde und zerbrach. Die junge Frau schimpfte mit ihm, er aber sagte nichts und seufzte nur. Da kauften sie ihm ein hölzernes Schüsselchen für ein paar Heller, aus dem er nun essen musste. Daraufhin sammelte sein kleiner Enkel, gerade vier Jahre alt, kleine Bretter zusammen und legte sie auf den Boden. „Was machst du da?", fragte der Vater. „Ich mache ein Tröglein", antwortete das Kind, „daraus sollen Vater und Mutter essen, wenn ich groß bin." Da sahen sich Mann und Frau eine Weile an und fingen endlich an zu weinen. Sie holten den alten Großvater an den Tisch, ließen ihn von nun an immer mitessen und sagten auch nichts, wenn er ein wenig verschüttete.

10

Rumpelstilzchen

Jochen Unbehaun

Track 10 und 20

Rumpelstilzchen

1. Ein Müller hat ’ne Tochter, gar schön und wunderhold.
Die Tochter hat ein Spinnrad, darauf spinnt sie pures Gold.
Der Müller sagt’s dem König, der König sperrt sie ein:
„Nun spinne mir mein Gold, das Gold muss morgen fertig sein!“

2. Er sperrt sie in die Kammer, sie weiß sich keinen Rat,
da kommt ein kleines Männlein an, das hilft mit Rat und Tat.
Drei Tage muss sie spinnen das viele, viele Gold
von morgens früh bis in die Nacht, der König hat’s gewollt.

3. Nun hat die schöne Tochter drei Kammern voll gefüllt
und so des Königs Gier nach all dem vielen Gold gestillt.
Doch jeden Tag kommt morgens das kleine Männlein schon
und fordert von dem Müllerskind den aufgezwungnen Lohn:

4. Zuerst will es ihr Halsband, danach den goldnen Ring,
und so wird sie des Königs Frau, das einst so arme Ding.
Das Männlein aber fordert noch einmal seinen Lohn,
und auch das Kind der Königin, das fordert es nun schon.

5. Das Kind ist kaum geboren, da klopft es an der Tür:
„Drei Tage sind vorüber, und das Kind gehört jetzt mir!
Doch weißt du meinen Namen, dann lass ich dir das Kind,
weißt du ihn aber nicht, dann hol ich mir das Kind geschwind!“

6. Nun grübelt die Frau Königin: „Wie kann der Name sein?
Wie nur das Männlein heißen mag? Es fällt mir doch nichts ein.“
Der König kommt vom Jagen, steht vor des Männleins Haus,
da schreit das kleine Männlein grade zu der Tür hinaus:

7. „Heut back ich, morgen brau ich, dann hol ich mir das Kind
und mach mich, schneller als der Wind, mit ihm davon geschwind.
Wie gut, dass niemand weiß, dass ich Rumpelstilzchen heiß,
wie gut, dass niemand weiß, ei, dass ich Rumpelstilzchen heiß!“

8. Das hört auch die Frau Königin und sagt: „Aha, soso!
Ich weiß jetzt, wie du heißt, darüber bin ich aber froh.
Hinaus, du Rumpelstilzchen, hinaus aus meinem Haus,
fahr du nur in die Unterwelt, dein Spielchen ist jetzt aus!“

Rumpelstilzchen

Rumpelstilzchen

Es war einmal ein Müller, der war arm, aber er hatte eine schöne Tochter. Nun traf es sich, dass er mit dem König ins Gespräch kam und zu ihm sagte: „Ich habe eine Tochter, die kann Stroh zu Gold spinnen". Dem König, der das Gold lieb hatte, gefiel die Kunst gar wohl, und er befahl, die Müllerstochter sollte alsbald zu ihm gebracht werden. Dann führte er sie in eine Kammer, die ganz voll Stroh war, gab ihr ein Spinnrad und sprach: „Wenn du bis morgen früh dieses Stroh nicht zu Gold versponnen hast, so musst du sterben." Darauf ward die Kammer verschlossen, und sie blieb allein darin.

Da saß nun die arme Müllerstochter und wusste keinen Rat, denn sie verstand gar nichts davon, wie Stroh zu Gold zu spinnen war, und ihre Angst wurde immer größer, bis sie endlich zu weinen anfing. Da ging auf einmal die Tür auf, und ein kleines Männchen trat herein. „Guten Abend, Jungfer Müllerin, warum weint sie so sehr?" – „Ach", antwortete das Mädchen, „ich soll Stroh zu Gold spinnen und kann es nicht." Da sprach das Männchen: „Was gibst du mir, wenn ich es dir spinne?" – „Mein Halsband", sagte das Mädchen. Das Männchen nahm das Halsband, setzte sich vor das Rädchen und ‚schnurr, schnurr, schnurr', dreimal gezogen, war die Spule voll. Dann steckte es eine andere auf und ‚schnurr, schnurr, schnurr', dreimal gezogen, war auch die zweite voll. Und so ging es fort bis zum Morgen. Da war alles Stroh versponnen, und alle Spulen waren voll Gold. Als der König kam und nachsah, da staunte er und freute sich, aber sein Herz wurde nur noch begieriger. Er ließ die Müllerstochter in eine andere Kammer voll Stroh bringen, die noch viel größer war, und befahl ihr, auch das in einer Nacht zu spinnen, wenn ihr das Leben lieb wäre.

Das Mädchen wusste sich nicht zu helfen und weinte. Da ging abermals die Tür auf, und das kleine Männchen kam und sprach: „Was gibst du mir, wenn ich dir das Stroh zu Gold spinne?" – „Meinen Ring von dem Finger", antwortete das Mädchen. Das Männchen nahm den Ring, fing wieder an zu schnurren mit dem Rad und hatte bis zum Morgen alles Stroh zu glänzendem Gold gesponnen. Der König freute sich über die Maßen bei dem Anblick, hatte aber noch immer nicht genug. Er ließ die Müllerstochter in eine noch größere Kammer voll Stroh bringen und sprach: „Die musst du noch in dieser Nacht verspinnen. Wenn dir das gelingt, sollst du meine Gemahlin werden." Bei sich dachte er: ‚Denn eine reichere Frau kannst du auf der Welt nicht haben.'

Als das Mädchen allein war, kam das Männlein zum dritten Mal und sprach: „Was gibst du mir, wenn ich dir diesmal das Stroh spinne?" – „Ich habe nichts mehr, das ich geben könnte", antwortete das Mädchen. „So versprich mir, wenn du Königin wirst, dein erstes Kind." – ‚Wer weiß, ob es dazu kommt', dachte die Müllerstochter,

wusste sich in ihrer Not auch nicht anders zu helfen und versprach dem Männchen, was es verlangte. Dafür spann das Männchen noch einmal das Stroh zu Gold. Und als am Morgen der König kam und alles fand, wie er es gewünscht hatte, hielt er Hochzeit mit ihr, und die schöne Müllerstochter wurde Königin.

Nach einem Jahr brachte sie ein schönes Kind zur Welt und dachte gar nicht mehr an das Männchen. Da trat es in ihre Kammer und sprach: „Nun gib mir, was du versprochen hast!“ Die Königin erschrak und bot dem Männchen alle Reichtümer des Königreichs an, wenn es ihr das Kind lassen wollte. Aber das Männchen sprach: „Nein. Etwas Lebendes ist mir lieber als alle Schätze der Welt.“ Da fing die Königin so an zu jammern und zu weinen, dass das Männchen Mitleid mit ihr hatte und sprach: „Drei Tage will ich dir Zeit lassen. Wenn du bis dahin meinen Namen weißt, sollst du dein Kind behalten.“

Nun dachte die Königin die ganze Nacht über an alle Namen, die sie jemals gehört hatte, und schickte einen Boten über Land, der sich nach neuen Namen erkundigen sollte. Als am anderen Tag das Männchen kam, fing sie an mit Caspar, Melchior, Balzer und sagte alle Namen, die sie wusste, der Reihe nach auf. Aber bei jedem sprach das Männlein: „So heiß ich nicht!“ Den zweiten Tag ließ sie herumfragen bei allen Leuten und sagte dem Männlein die ungewöhnlichsten und seltsamsten Namen vor: Rippenbiest, Hammelwade, Schnürbein. Aber es blieb dabei: „So heiß ich nicht!“ Den dritten Tag kam der Bote wieder zurück und erzählte: „Neue Namen habe ich nicht finden können, aber wie ich an einem Berg um die Waldecke kam, wo Fuchs und Has sich gute Nacht sagen, sah ich da ein kleines Haus, vor dem ein Feuer brannte. Und um das Feuer sprang ein gar zu lächerliches Männchen, hüpfte auf einem Bein und schrie:

„Heute back ich, morgen brau ich,
übermorgen hol ich der Königin ihr Kind!
Ach, wie gut, dass niemand weiß,
dass ich Rumpelstilzchen heiß!“

Da war die Königin sehr froh, dass sie den Namen wusste, und als bald hernach das Männlein kam und sprach: „Nun, Frau Königin, wie heiß ich?“, fragte sie erst: „Heißt du Kunz?“ – „Nein.“ – „Heißt du Heinz?“ – „Nein.“ – „Heißt du etwa Rumpelstilzchen?“

„Das hat dir der Teufel gesagt, das hat dir der Teufel gesagt!“, schrie das Männlein und stieß mit dem rechten Fuß vor Zorn so tief in die Erde, dass es bis an den Leib hineinfuhr. Dann packte es in seiner Wut den linken Fuß mit beiden Händen und riss sich selbst mitten entzwei.

Grimms Lieder

Heft 978-3-89760-622-7
Best.-Nr. 622

Musik & Texte: Jochen Unbehaun
Illustrationen: Peggy Caramel
Arrangements & Produktion: Axel Pätz
Redaktion & Notensatz: Anja Krenz
Layout & Umschlaggestaltung: Linda Brummack
Druck: AALEXX Buchproduktion GmbH, Großburgwedel

1. Auflage, 1. Druck 2010

www.lugert-verlag.de

Inhalt der CD

Originale

1	Die Bremer Stadtmusikanten	2:58
2	Der Fischer und seine Frau	4:22
3	Der Wolf und die sieben Geißlein	4:18
4	Tischlein, deck dich!	5:16
5	Hans im Glück	4:11
6	Hase und Igel	2:50
7	Die kluge Bauerntochter	3:20
8	Die kluge Gretel	3:22
9	Der alte Großvater und der Enkel	3:02
10	Rumpelstilzchen	4:03

Playbacks

11	Die Bremer Stadtmusikanten	2:58
12	Der Fischer und seine Frau	4:22
13	Der Wolf und die sieben Geißlein	4:18
14	Tischlein, deck dich!	5:16
15	Hans im Glück	4:11
16	Hase und Igel	2:50
17	Die kluge Bauerntochter	3:20
18	Die kluge Gretel	3:22
19	Der alte Großvater und der Enkel	3:02
20	Rumpelstilzchen	4:03

www.lugert-verlag.de